香港故事

香港百年Ⅲ

霓虹、屋邨、老街坊，獅子山下的

時光旅圖，純樸繁華的鄰里日常

作為《香港百年》的最終章，好嗎？

自從《香港百年》系列出版後，筆者收過無數的讀者來信，有仍在香港努力奮鬥的你們，有離鄉背井的你們，亦有來自世界各地的你們……在此衷心感謝每一位讀者對《香港百年》的支持和喜愛。在這個數碼年代，《香港百年》系列能夠成為你們願意收藏在家中的實體書籍，這絕對是筆者畢生最大的榮幸，也是筆者作為香港人最盡力的貢獻。

撰寫《香港百年》對筆者來說，從來不是一件容易的事情，畢竟我原來只是一個做設計的人，放棄自己的工作，一個人寫出這麼多文章，又要繪畫出想要觸動大家心靈的插圖，對我來說絕對是一個極大的挑戰……默默地獨自努力著，不斷重複反思；感受著每一個領域都有差別待遇，每一個範疇都有其潛規則，筆者只是門外漢，單純憑著那愛港的心，一直默默編寫《香港百年》系列……直到今天，好像已經成為了筆者作為香港人的重要使命。

《香港百年 3》的出版是經過深思熟慮。在這不能輕易我手寫我心的時代，在不斷深思、不斷修改的過程中，還是希望能夠得到大家的支持。在可見的將來，就讓我們一起來努力創造更美好的香港。就如當日我在《香港百年》的作者序中所說，「成

為歷史印記也好，成為紀念冊更好」，讓我們以各自不同的方式，記錄下我們所認知的「香港」。雖然前路難行，但我們亦要用盡方法將未來的香港給創造出來。能否好好地傳承香港人的精神，除了靠我們這群香港人「不捨」的努力外，還能靠誰呢？**答案是，只有「我們」！**

每一位香港人都在努力中，捱過世紀疫症，大家都在認真努力中為復常而奮鬥，重新投入工作，堅守自己的專業。雖然旁人喜歡齟牙聳舩，骨頭好像真的能生出雞蛋般離奇古怪，但至少「我們」絕對會理解：不要把無理視為常理，不要把退步視為進步，不要把欺己視為欺人，不要把無奈視為習慣……這樣才能把香港故事寫好。

本冊仍是承接《香港百年》的宗旨，帶領讀者一起回憶香港的美麗歷史建築，重溫最能代表香港特色的霓虹燈招牌，找回那即將塌下的草根回憶，並關注老店（老品牌）的貢獻和傳承等。他們的故事、他們的努力，見證著香港的歷史變遷與浮沉；他們默默的堅持和守護，提醒著每一位香港人，別忘記前人的努力，現在我們享受的全是前人種下的成果！別讓事物被無情的社會發展踐踏，才來訴説悔話；故事寫得再好，自我表揚得

再美，這份美好能否得以延續，靠的都是我們實際的行動。不要再空口説白話，只做鍵盤戰士，現在需要的是坐言起行（言行一致）。保育及傳承都需及時，懇請各位香港人重拾那堅毅不屈的精神，重拾那充滿人情味的相處，重拾我們最引以為傲的「香港本色」，讓香港百年的故事得以完整保存。

一個沒有文化傳承的家園，一套只顧否定前人努力的教誨；
一群只被無理欺凌的孩子，和一些只顧安撫欺凌者的家長……
家中的孩子心靈受創無人理，卻要孩子無條件向無理屈服？
有時不是別人多管閒事，而是錯怪孩子而進行體罰。
不懂保衛血親家人，只顧奉承外親，
忽略至親，這樣的家，叫孩子怎樣不離家出走呢？
連家園的故事都忘記，連自己的孩子都不顧，
忘記了常識，忘記了道理，忘記了家人，
忘記了所有為家園努力打拚的人們……
還想得到別人的承認？
憑什麼説自己是香港人？香港人又是什麼？

雪姬

序幕

曾經每天都充滿希望，
曾經每天都看見光芒。
曾經你我都期待明天，
曾經你我都覺得必然。
曾經以為都平常不過，
曾經以為都不會改變。

但卻每天都體現失望，
但卻每天都前路迷茫。
但卻你我都期盼明天，
但卻你我都並非必然。
但卻以為都不會失落，
但卻以為都未曾改變。

為什麼總是我們錯?!
為什麼？為什麼？

新界區的第一間警署

綠匯學院（舊大埔警署）
Old Tai Po Police Station

· 建築年份：1899 年
· 古物建築評級：一級歷史建築
· 地址：新界大埔運頭角里 11 號

新界區第一所永久警署，於 1898 年港英政府和清政府簽訂《展拓香港界址專條》後，將新界區納入英屬香港屬地，翌年便在大埔運頭角的旗杆山（圓崗山）上舉行了升旗典禮。當時除了建成這座警署外，附近還建設了新界區的政治中心，周邊還有舊北區理民府、前新界華民政務司官邸。

目錄

第一章
無言的結局，霓虹的尾聲

第二章
漸濛的香江記憶

香江記憶的痕跡

那快被遺忘的戰前樓宇

文武廟

Man Mo Temple

· 建築年份：1847 年
· 古物建築評級：法定古蹟
· 地址：香港島上環荷李活道 124-126、128 和 130 號

上環文武廟是香港早期重要的中式廟宇，外觀以白色牆身和綠瓦屋頂著稱。這裡不僅是廟宇，更在香港開埠初期擔任法律裁決的角色。當時，由於法律制度尚未完善，華人之間的糾紛常常透過傳統儀式，如「斬雞頭、燒黃紙」來進行裁決，而這些儀式必須在文武廟內進行，才具法律效力。

除了法律功能，文武廟在教育方面也有貢獻。因政府忽視華人教育，文武廟發起義學，提供免費教學，支持貧困學生接受中文教育，這在當時具有重要意義。此外，文武廟也是華人社會的集議場所，處理社區事務和糾紛，增強了社會凝聚力。

於 1908 年，港英政府制定《文武廟條例》，決定將文武廟交由東華醫院管理，即現在的東華三院。因此，每年東華三院董事局和社會各界仍會在寺廟內舉行秋祭，感謝文武二帝，並為香港祈福。

● 第一章

無言的結局，
霓虹的尾聲

紅眼睛　幽幽的看著這孤城

如同苦笑　擠出的高興

全城為我　花光狠勁

浮華盛世　作分手佈景

傳說中　癡心的眼淚會傾城

霓虹熄了　世界漸冷清

煙花會謝　笙歌會停

顯得這故事尾聲　更動聽

　　　——《傾城》黃偉文・詞 / 1997 年

　　曾經有無盡的控訴，那徹夜不滅的光線滋
擾人夢，令整個城市不斷升溫⋯⋯但當這些
整夜照亮著街角的招牌黯然落幕後，人們才
發現原來這條街道是多麼漆黑又冷清，就像
沒有了明燈來引路般⋯⋯

2000 年代初期，九龍旺角
彌敦道招牌滿天。

全球最經典霓虹街景

五光十色、萬家燈火是香港的特色。聽長輩說：在舊時啊⋯⋯從外地回香港的時候，遠遠就能看到燈光璀璨不夜城，無論是飛機降落在九龍城啟德機場前的一刻，還是在船上眺望這耀眼東方之珠的遠景時，都是那麼的令人驚嘆。

這萬千霓虹的光影滿載著幾十年來香港人的驕傲，它們的存在促進著本地的商業發展，對香港繁榮有著無庸置疑的存在價值，亦印證著前人辛苦打下來的一片光明⋯⋯現在卻淪落到燈火闌珊處，一個又一個的落下，一個又一個的清拆⋯⋯

「拆招牌*」這個動作，對於我們來說已經是多麼的唏噓，更何況是對於掛上這些招牌的主人而言，更是無奈⋯⋯當一個又一個陪伴了我們近半百的霓虹招牌被勒令熄滅，難道今時今日

---

* 拆招牌：這裡要訴說的是，近年霓虹燈工藝於香港日漸式微，霓虹燈招牌慢慢被塑膠印刷招牌取代，加上政府立法規管招牌安全，導致霓虹燈的光景成為絕響。
2010 年，在香港特區政府推行「小型工程監管制度」的因素下，所有極具香港特色的舊霓虹燈招牌，皆因未能符合《建築物條例》，被屋宇署要求清拆；另於 2022 年12 月 21 日起更實施了「大型招牌大規模行動」，並在 2023 年起大量的招牌同期遭勒令清拆。關於此制度的詳情，請參與屋宇署的官方網頁。

就沒有其他的處理辦法？這些代表著我們記憶的載體，難道就無法讓它們也能得到正確的保育和延續？難道就那一點點的香港特色都沒有空間容納？當華燈漸下的時候，我們需要的不是那一窩蜂懷緬舊事物被移除，消失了才來珍惜的動作，而是要做更實際的行動，大家一起想出保留那重要文化遺產及夕陽工業的辦法！

接下來，就來哼著歌，一邊翻看著那舊日的景象，一邊回望那曾經璀璨的城市。這裡沒有詳細的介紹，只是想讓大家專心去回憶，用心去感受，那曾經耀眼的街道上……你們當時又經歷過怎樣的故事呢？然後，再反思有什麼方法，去傳承那份讓香港人引以為傲的光芒和工藝，而不是在堆填區再會。

遲來的愛護，矛盾的守候

　　終於在 2024 年尾聲，本書出版的前夕，政府康文署公布更新香港「非物質文化遺產清單」及「非物質文化遺產代表作名錄」，當中「霓虹光管製作及造型技藝」亦在名單內。但矛盾的是政

府早年以安全為由，已經把全港近九成的霓虹燈招牌拆卸；一邊說著保育、要珍惜文化和手藝的傳承，一邊又把可以展現工藝的空間一個不留的除去，此舉不只令業界感覺矛盾，連身為普通市民和遊客都難以理解。

沒有了霓虹招牌，就是一個不像香港的香港……

現在我們所需要的是政府各部門的配合，先重新訂立詳細的保育方案，以及霓虹招牌的規管，人性化的考量；盲目以安全理由拆卸，那麼倒不如在科技領先的現今社會，尋求一個共存的法則。經過民間和業界以及專業人士的判斷後，再作下一輪的行動，包括現存霓虹燈招牌的清拆與否，或是只需要加固工程就能繼續保留，這樣總比盲目的拆拆拆、空口說要保育，還來得更加合理和實際。

作為香港的一份子，我們要清楚香港的特色，要認清現實才能繼續前行，才能創造更美好的香港。一個沒有特色的城市，就算如何推廣旅遊，花光庫存都只會徒勞。但願我們能夠盡快找到兩全其美的保育方案，令這片土地上的萬家燈火得以永久長存，成為引領著香港繼續前進的明燈。

大昌眼鏡

原位置：九龍深水埗大坑西邨民興樓 4 號

約 1980 年代，沿用至今四十三年，屬於非懸掛式的招牌，因屋邨重建而拆遷，其招牌特色是一副大大的眼鏡，兩鏡片位置直接配上「大昌」兩字，是石硤尾區居民的集體回憶。

太子志記海鮮菜館

原位置：九龍太子運動場道 1 號

約 1970 年代懸掛，2023 年結業並清拆，屹立超過半個世紀。

誠興蔴雀公司

原位置：九龍旺角通菜街 129-133 號

於早年被拆卸的招牌，當時為外國遊客最愛打卡的旺角紅
燈區大型招牌之一。

新輝煌卡拉OK夜總會

原位置：九龍旺角彌敦道 603 號

約 1950 年代懸掛，2021 年被結業並清拆，屹立十八年，原位於旺角彌敦道的巨型「L型」招牌，於拆卸期間因為突傾側並搖搖欲墜，令彌敦道北行全線及南行快線緊急封閉，油尖旺區交通受影響，足足癱瘓了六個小時。

旺角泉章居

原位置：九龍旺角奶路臣街 33 號

約 1950 年代懸掛，2021 年被結業並清拆，屹立七十年。傳言，招牌字是由知名書法家于右任題字。

美都餐室

原位置：九龍油麻地廟街 63 號

約 1965 年懸掛，2023 年被清拆，屹立五十八年。

翠華餐廳

原位置：九龍油麻地廟街 63 號

約 2007 年懸掛，2020 年被清拆，屹立十三年，招牌上配有「魚蛋稱霸．咖哩稱皇」作招攬，除了中文字外，招牌上還配有英文和日文，以顯品牌的國際化。

中國宮殿夜總會

原位置：九龍佐敦彌敦道

約 1970 年代，位於彌敦道與佐敦道交界的妙麗商場於七〇年代建成，當年堪稱為城中最閃爍耀眼的角落。中國宮殿夜總會是七〇年代高級夜總會的鼻祖，巨型的圓形招牌由牆身向街道延伸，包括置頂的閃爍皇冠，以紅、藍、黃三色產生強烈對比，突顯中國古代皇帝的專用色彩。

油麻地冠南華婚紗

原位置：九龍彌敦道 383 號平安大廈 16 號

約 1970 年代懸掛，2023 年被清拆，屹立足足四十年，更有「最幸
福霓虹燈」的稱號。（詳細店舖介紹，見第 128 頁）

妙麗中心 Millie's Centre

原位置：九龍佐敦彌敦道 241 號（現為金峰大廈）

約 1977 年開業，八〇年代結業並拆卸，曾於著名電影《梅艷芳》中重現，成為戲中其中一個令香港人極為懷念的場景。原位於佐敦彌敦道中心的位置，是當時油麻地商業中心區內最具規模的高級百貨商場。七〇年代有一句膾炙人口的廣告金句：「妙麗妙麗妙到極，妙麗妙麗妙到極，妙麗手袋天天新款，妙麗皮鞋與眾不同，妙麗童裝零舍夠威」。其在十字路上的大型孔雀開屏霓虹燈招牌，在漆黑中暈開五光十色的霓虹燈光。

油麻地裕華國貨

原位置：九龍佐敦彌敦道 301-309 號

約 1970 年代懸掛，1980 年代為最璀璨五光十色的時期，當年油麻地區的最具代表性地標之一。

澳洲牛奶公司

原位置：九龍佐敦白加士街 47 號

約 1970 年代懸掛，2018 年被清拆，屹立接近半個世紀，昔日著名書法家卓少衡的墨寶。（詳細店舖介紹，收錄在《香港百年》第 187 頁）

麥文記

原位置：九龍佐敦白加士街 51 號

約 1960 年代懸掛，2018 年被清拆，屹立六十年。

單眼佬涼茶

原位置：九龍佐敦廟街 151 號

約 1950 年代懸掛，2018 年結業並清拆，屹立半個世紀，是當年少有以巨型招牌作招攬的涼茶店。

油麻地百寶堂

原位置：九龍油麻地廟街 134 號

約1980年代起懸掛至今，屬於少數在筆者記錄之時，還沒有
拆卸的老式招牌，唯可能在此書出版後，已經被拆掉。

森美餐廳

原位置：香港島西環西營盤皇后大道西 204-206 號

約 1978 年代懸掛，2015 年被結業並清拆，屹立四十年，曾經是西環的地標。牛造型招牌是森美餐廳創辦人葉聯所設計，並於 2019 年捐贈予 M +博物館作為永久館藏。

中環東方錶行

原位置：香港島中環德輔道中 133 號

約 1980 年代懸掛，2022 年被清拆，
屹立足足四十年。

大金龍蔴雀耍樂

原位置：香港島灣仔春園街 2-4 號

約 1962 年懸掛，2020 年被清拆，屹立超過半個世紀。

灣仔利工民

原位置：香港島灣仔莊士敦道 224 號

約 1980 年代懸掛，2023 年被清拆，屹立逾四十年。（詳細店舖介紹，收錄在《香港百年》第 119 頁）

大丸百貨

原位置：香港島銅鑼灣記利佐治街及百德新街一帶，
　　　　橫跨華登大廈及百德大廈基座以至海濱大廈基座

「站在大丸前，細心看看我的路，再下個車站到天后，當然最好……」
於 1962 年開業，1998 年結業，是首間進駐香港的日式百貨公司，亦是上世紀 80 至 90 年代
銅鑼灣的著名地標，現址後來分拆為商場「名店坊」，當年大丸招牌高掛在的華登大廈上，
遠望已非常矚目，看到大丸招牌的出現代表著要下車到達銅鑼灣。即使大丸百貨已結業二十
年以上，作為香港人的集體回憶，時至今日，紅色小巴上仍然沿用「大丸」這個站牌，讓我
們可以承傳著這句話「司機大丸有落」（司機大丸有人下車）。

鷄記蔴雀娛樂

原位置：九龍觀塘裕民坊內

約 1976 年代懸掛，2012 年被清拆，屹立 36 年，已捐贈予 M ＋博物館作為永久館藏。

（詳細店舖介紹，請見下頁）

PLUS

香港首間持牌蔴雀館
鷄雞記蔴雀娛樂

・開業年份：1932 年

　　香港的第一家蔴雀館（麻將館）於 1930 年在油麻地廟街誕生。創立人林坤先生最初在廟街經營一間士多（store）販賣生果（蔬果）和綠豆沙，成為了當地居民聚集的熱點。他孤身從大陸來到香港，身上僅有三毫半子，甚至曾在油麻地天后廟外露宿。廟祝得知他的情況後，介紹他在雞欄工作，因勤奮而被提升為買手（採購）。

　　隨著舊東主結業，林坤自立門戶經營活雞生意，但因成本高漲，他開始嘗試以次貨加工製成滷水雞件（雞雜），並在榕樹頭*擺賣，最終因小食大受歡迎而獲得了「阿雞」的暱稱。在領取小販牌照後，林坤轉型販賣生果。

到了 1932 年，林坤夢見「雞鳴報喜」，幸運中獎馬票 105 元，當時這筆獎金足以讓他置業，但他選擇在廟街開設士多。因為當時人們的消遣活動不多，大家都喜歡聚在一起打蔴雀。林坤便在店內設置蔴雀桌，邀請街坊們一起來打蔴雀（俗稱：打牌），一邊玩牌一邊購買零食和飲料，藉此吸引更多顧客光顧。

隨著來打牌的人越來越多，林坤靈機一觸，決定出租蔴雀，從而正式創立了香港首間蔴雀館，並命名為「鷄記蔴雀」，而且每枱贏的錢抽兩個仙放入「水箱」給阿雞，用以修葺蔴雀*

鷄記蔴雀館內所有蔴雀枱上都掛有注碼，職員會在「抽水」後輕輕敲打這個吊牌。

---

* 「榕樹頭」是油麻地天后廟前的一塊空地，種有數棵大榕樹而得名，是昔日賣藝者聚集之地。

* 修葺蔴雀：以前的蔴雀是用竹子製造，很易損壞，而且維修費亦高，因此早期的 蔴雀館又被稱為「竹館」，而打蔴雀這個活動又稱為「竹戰」。另外，每次贏家會抽二個仙給商家，這個做法正是後來蔴雀館實施「抽水」制度的由來。

等。到了 1980 年代，廟街的蔴雀館、天九館如雨後春筍般冒出，生意興隆，幾乎每幾步就能見到一間。

據說，戰後的港英政府曾一度考慮禁止這類蔴雀館的賭博活動，但經過交涉後最終得以繼續經營，並規定營業時間為中午十二點至午夜十二點。當時，許多沒有資金進入蔴雀館的人常常在門外偷看其他人打蔴雀。館內座無虛席，熱鬧非凡，門外經常有客人等候進場，大家一起享受「觀戰」的樂趣。

爆趣廣東話

交學費

於 1955 港英政府正式實施禁賭，希望取締蔴雀館。後來，業界請來了雞叔（雞記蔴雀第二代掌舵人）協助作為代表，並聘請律師為此禁令平反。最後成功爭取蔴雀館合法化，並於 1956 年，港英政府便按「一副蔴雀有 144 支牌」，發出了 144 個蔴雀經營牌照。但是為免鼓吹賭博，更把蔴雀館的牌照英文名字命名為「蔴雀學校」（Mahjong School），所以在蔴雀館打蔴雀輸錢又稱為「交學費」，甚至現今進行任何賭博活動輸錢了，都會稱為「交學費」。

梁添刀廠

原位置：九龍深水埗長沙灣道 221 號

約 1980 年代懸掛，2023 年拆卸，屹立逾四十年，屬於有七十年歷史老店梁添刀廠的獨特性招牌，更是深水埗市民的集體回憶。大大的刀型招牌懸掛在長沙灣道上空，每每經過都會想像「萬一這刀斬下來，能留多少人呢？」每回巴士經過都會想「車頂再高一點就會撞到刀型招牌了！」

隱藏於銅鑼灣鬧市的百年羅馬式教堂
基督君王小堂，聖保祿修院

St. Paul's Convent Church, Christ the King Chapel

- 建築年份：1928 年
- 古物建築評級：一級歷史建築
- 地址：銅鑼灣加路連山道 33 號

位於銅鑼灣與大坑之間的聖保祿修院建築群內，聖堂附近還有聖保祿醫院、聖保祿學校等。聖堂的設計以古典復興風格興建，屋頂是圓拱形，建築物的正面有科林斯石柱包圍著，平面看的話是一個長十字架形狀，屋頂上鋪了中式瓦片。另外，建築物的兩個立面頂部的三角楣飾，均有一個圓形大鐘，亦稱為鐘樓，但這個時鐘現時是停止運作，而時間就永遠停留在 12:26。聖保祿修院見證著法國傳道會於香港百多年來的傳教及社會服務，極具歷史及建築文化價值。

● 第二章

漸濛的
香江記憶

「香港這個家園，曾經是多麼璀璨，
多麼讓我們引以為傲！」無論是建築物
或是老店都是前人留下來的成果，不只
印證著艱苦歲月的汗水，亦同時記錄無
數人的生命傳奇。

在《香港百年》系列中曾經記載過部
分百年建築，本篇將會把內容再度延伸，
記錄更多重要的歷史建築。我們相信「大
樓倒下，便不會再覆反；歷史抹掉，便
不會再記起」，所以更應該設法把這漸
濛的記憶、漸塌下的磚頭一塊塊保存並
記錄下來，讓我們家園的真實故事得以
永續流傳，一起記住那些風采。

建築年份：1930 年代後期至 1940 年代初
建築評級：二級歷史建築
地址：新界葵涌石籬梨木道 1 號

救世軍葵涌女童院（The Salvation Army Kwai Chung Girls' Home），由戰前猶
太大宅改建而成，擁有八十年歷史，卻面臨拆卸的荒廢女童院。

香江記憶的痕跡

我們的生活周遭有著很多看似平常又理所當然，快要被人遺忘的歷史痕跡，它們的存在讓人不以為然。直到某天，當磚頭被推倒時，我們才醒覺過去竟逐漸被掏空！什麼是歷史的重要性？我們到底是什麼？靠的就是這一點一滴的了解、認知和累積。在香港，還有著很多重要的歷史文物正默默等待著正確、完整的保護，這是每一代香港人的責任！我們必須尋求適切的保育方式，讓文物古蹟得以完整、原裝地融入現今的生活中，而不是盲目的拆卸、改裝或重建，讓古蹟失去原本特色，淪為一塊沒有內涵的普通磚頭。

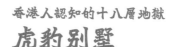

香港人認知的十八層地獄

虎豹別墅

Tiger Balm Gardens

· 建築年份：1935 年
· 古物建築評級：一級歷史建築
· 地址：香港島大坑大坑道 15A 號

說起香港人對十八層地獄的認識和體驗，一定要數虎豹別墅。以前除了別墅的主樓外，旁邊更建有大型的「萬金油花園」，

園內以中國神話及十八層地獄為主題，活靈活現地展示出每一幕經典的畫面，既立體又浮誇的中式驚嚇和超現實的壁畫、雕塑等，成為了最獨特的香港集體回憶。

現在的別墅經過胡文虎慈善基金的活化後，其外牆、部分窗戶及主樓的室內裝潢，都得以修復至其三〇年代的原始面貌。另外，室內更擺設了原有的家具、手工藝品及胡氏家族的私人珍藏等，讓虎豹別墅得以保存其建築及保留最真實原始的一面，更能承傳虎豹別墅的重要文化價值。

萬金油之父的家

虎豹別墅建於 1935 年，是人稱「萬金油之父」的緬甸華人大亨胡文虎所建成，名稱取自兩位別墅擁有人胡文虎與其兄弟胡文豹的名字。別墅現在已成為香港一級歷史建築，原為胡氏家族的私人別墅，加上是私人住宅，以往一直不對外開放。但旁邊的萬金油花園卻在 1950 年代初給予公眾開放參觀，直到 2004 年才正式拆卸，並建成現在的私人屋苑。

萬金油花園拆卸後，虎豹別墅主樓獲得特區政府與發展商協商交涉*後，得以保留，並交予特區政府，主樓才得以屹立至今。

★ 特區政府於 2008 年起推出「活化歷史建築伙伴計劃」，旨在保存在香港僅存的歷史建築，並以創新的手法，加以善用，將歷史建築物改建成獨一無二的文化地標。

經過多年的活化和復修，虎豹別墅終於在 2019 年正式開放供大
眾參觀，讓人們得以親眼目睹歷史建築物的獨特風采。

別具特色的中式文藝復興設計

　　虎豹別墅採用了中式文藝復興建築風格，並揉合了中西建築
方法及建築理論。室內設有門廊、窗台及火爐，更裝飾有意大

萬金油之父小檔案

虎豹別墅的擁有人胡文虎，是知名「虎標萬金油」的創辦人。十九世紀初，他聘人製成的萬金油暢銷亞洲各地，所以人們都稱他「萬金油之父」。

利製塗漆玻璃窗、充滿印度及緬甸特色的雕刻和裝飾線條，以及鍍金壁畫。別墅的主體以鋼筋混凝土建造，前方還設有私人花園。

　旁邊的萬金油花園內設有 44 公尺高的「虎塔」，遠在數英里之外仍可清楚看見。由於創辦人是虔誠佛教徒，所以設計上刻意融入了佛教業力的概念，並納入了道教和儒家道德。特色是：

意大利彩色玻璃製的月洞門，門上有兩隻老虎守衛著。

有眾多七彩佛像和動物雕塑，擺設在煉獄場景旁，營造出十八層地獄的景象，是模擬地獄樣貌、審判到來的樣子，描繪罪人遭五馬分屍，或被拖上刀山等可怕折磨，還有說別人壞話或撒謊之人會被勾脷筋（割舌頭），強盜或迫害者則會落油鑊等場景；是一個充滿超現實主義的主題公園。

萬金油花園於 1950 年代開放，直到 1985 年了為慶祝建園五十週年曾經進行復修，並改建為「虎豹樂園」。最終到了 2004 年才拆卸，至於花園內的部分壁畫和雕像則被香港古物古蹟辦事處保存下來。

香港現存最古老的西式建築

舊三軍司令官邸 / 茶具文物館

Old Headquarters House

· 建築年份：1846 年
· 古物建築評級：法定古蹟
· 地址：香港島中環紅棉路 10 號

　　舊三軍司令官邸（司令總部大樓）又名旗杆屋（Flagstaff House），是香港現存最古老的西式建築物，以希臘復興式建築風格興建，設計簡潔。三軍司令官邸是屬於域多利兵房的一部分，也是駐港英軍司令的辦公室及住所，而首位使用大樓的將領就是英國駐華陸軍總司令德忌笠少將[*]。

　　在 1941 年香港保衛戰期間，大樓樓頂曾被日軍炸毀，並於日佔時期遭日軍佔用，作為香港佔領地司令官邸；直到 1945 年香

---

[*] 德忌笠少將：陸軍少將佐治·查理斯·德己立爵士（KCB，Sir George Charles D'Aguilar，1784 年 1 月～ 1855 年 5 月 21 日），英國陸軍少將，曾任駐港英軍總司令和香港第一任副總督。

港重光後，才得以復修並恢復為三軍司令官邸。到了 1970 年代
後旬，因為香港島中區的商業用地不足，港英政府與軍部及英
國政府商議後，駐港英軍在 1979 年正式撤出域多利軍營，並將
三軍司令的官邸轉交港英政府作重新規劃發展。所以在 1978 年
之前，此乃駐港英軍的三軍司令之官邸，加上官邸別具建築特
色及歷史意義，最後才得以保留。1984 年起，此處改為茶具文
物館，直到 1989 年由港英政府列為香港法定古蹟。

歷史最悠久的外籍兒童學校建築

前九龍英童學校／
香港古物古蹟辦事處

Old Kowloon British School

· 建築年份：1902 年
· 古物建築評級：法定古蹟
· 地址：香港九龍尖沙咀彌敦道 136 號

　　位於尖沙咀彌敦道的鬧市中，隱藏著一座擁有過百年歷史的維多利亞式紅磚建築。因為建築物的正面長年被茂密的樹蔭遮蓋著，所以經常遭人遺忘其悠久的歷史。當年因為選擇在香港旅居的外籍人士日漸增加，加上他們都帶同家眷前來，所以對學校的需求不斷增加。同時，原來由英國人開設的舊校舍聖安德烈學校遭颱風吹毀，到了 1900 年，在已故著名商人何東爵士的資助下，於九龍彌敦道興建起新學校，就是之後的九龍英童學校。兩年後校舍正式開幕，並由港督卜力爵士奠基。九龍英童學校是一家專為外籍兒童提供教育的辦學團體，亦是香港歷史最悠久的外籍兒童學校建築。

　　學校早於 1894 年便開校，當時名為九龍書院（Kowloon College），直到 1902 年新校舍開幕後才正式易名為九龍英童

學校（Kowloon British School）。後來因為入讀的學生不斷增加，學校規模亦不斷擴展，到了 1923 年又改名為中央英童學校（Central British School），開始改收中學生。1936 年校舍不敷使用，最後遂於 1936 年遷往何文田天光道的新校舍，並於 1948 年正式改名為英皇佐治五世學校（King George V School），原

本位於尖沙咀彌敦道的校舍則被空置。

　　到了 1957 年，彌敦道舊校舍成為尖沙咀街坊福利會的會址，直到 1991 年才將該校舍正式列為香港法定古蹟，並在 1992 年進行全面復修，轉為現今的古物古蹟辦事處辦公室及文物資源中心。

87年歷史九龍最美紅磚古校
瑪利諾修院學校

· 建築年份：1937 年
· 古物建築評級：法定古蹟
· 地址：九龍窩打老道 130 號

位於九龍窩打老道的名校，是瑪利諾女修會（又名「聖道明瑪利諾女修會」，原名為「聖道明海外傳教女修會」）於 1925 年創辦的學校；在 1936 年興建校舍時，更請來香港總督郝德傑爵士為學校主樓主持奠基儀式。此處也曾在二戰期間改作日軍醫院。

Maryknoll Convent School

　　學校主樓的設計採用上中世紀修道院和學院的布局，列柱迴廊圍繞著露天中庭。校園建築群運用了自由新都鐸風格，並融合裝飾派藝術、羅馬式、新喬治亞風格，以及哥德復興式等不同的建築特色。大禮堂內設有羅馬式的拱頂天花，位於界限街的麻石階梯、尖拱門、四坡和斜折線形屋頂和建築物正面的塔樓，都是主樓重要的建築特色。

法定古蹟中最年輕的代表建築

香港大會堂
—— Hong Kong City Hall

・建築年份：1962 年
・古物建築評級：法定古蹟
・地址：香港島中環愛丁堡廣場 5 號

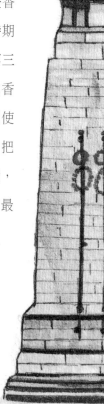

　　作為香港現時最年輕的法定古蹟，建於 1962 年，是香港第一座公共文娛中心，位於中環愛丁堡廣場[1]。同時期建成並且毗鄰的建築物，還有已拆卸的皇后碼頭[2]、第三代中環天星碼頭，以及現存卻即將面臨拆卸的第四代香港郵政總局[3]、天星碼頭多層停車場，形成一個供大眾使用的公共空間。古物古蹟辦事處於 2022 年一致通過，把香港大會堂由原來的一級歷史建築，升格為法定古蹟，成為了首幢戰後落成的法定古蹟，它更是同類評級中最年輕的項目（升格時樓齡為六十年）。

1　愛丁堡廣場：關於愛丁堡廣場的詳細介紹，收錄在《香港百年》第 94 ～ 95 頁內。
2　皇后碼頭：關於皇后碼頭的詳細介紹，收錄在《香港百年 II 光輝歲月》第 181 ～ 183 頁內。
3　第四代香港郵政總局：關於第四代郵政總局詳細介紹，收錄在本書第 98 頁。

　　第一代的香港大會堂早早於 1869 年便落成，當時座落在香港匯豐總行大廈現址的旁邊，皇后像廣場的對面。不過卻在 1947 年因賣地而全部拆卸，直到 1950 年政府委託市政局參與新大會堂的建築設計及發展，才於現址興建起來，並由首任香港大學建築系主任哥頓布朗及其團隊運用了現代建築風格設計，搭配英國建築師羅納德·菲利普和艾倫·菲奇完成興建。1962 年新大會堂落成並啟用，由當時的港督柏立基爵士主持開幕，其呈現的國際設計風格，亦曾在香港建築界掀起一股潮流。

　　於港英時期，香港大會堂曾經是政府舉行官方儀式和慶典的場地，也曾有多位港督在此宣誓就職；大會堂更會與旁邊的愛丁堡廣場聯合舉辦接待英國皇室成員的歡迎活動。時至今日，每年一月舉行的法律年度開啟典禮，都會在香港大會堂和愛丁堡廣場進行。

小知識

法律年度開啟典禮

香港「法律年度開啟典禮」的歷史源遠流長，可追溯至二十世紀初期。目的是強化司法機構的形象，使社會各界明白司法機構獨立自主的重要，讓市民大眾更加瞭解司法機構的使命是：維護法治、保障個人權利和自由，以及取得中港和國際人士對香港司法制度的信任。

一個世紀的牛奶傳奇
薄鳧林牧場（薄扶林牧場）
The Pokfulam Farm

· 建築年份：1886 年
· 古物建築評級：一級歷史建築
· 地址：香港島薄扶林道 141a 號

　　薄扶林是因為這裡以前是茂林的樹林，還有很多薄鳧（棉鳧）棲息，又稱「薄鳧林」，而薄鳧林內的薄鳧林村，其歷史更可追溯到清嘉慶年間的《新安縣志》裡對薄鳧林的記載。至於薄鳧林牧場的出現則可追溯到 1886 年，即香港開埠初期；當年的薄扶林已經是英國商人郊遊及避暑勝地，由於香港天氣炎熱又潮濕，身體很難適應，因此他們一般都喜歡居住在氣溫較低的高地上，而薄扶林正好符合他們的喜好，因此有不少豪宅別墅都落戶在此。

　　當時，有一位來自蘇格蘭的醫生萬巴德爵士想要在香港生產新鮮牛奶，便與其他五位香港商人一起成立了「牛奶公司」，也就是現今著名的百年上市企業「DFI 零售集團」，他們以三萬港元於薄鳧林村附近（現址為置富花園）開設了香港首個牧場，並把牧場命名為「薄鳧林牧場」。

前牛奶公司牧場經理
大屋 Braemar 。

　　薄鳧林牧場佔地約 300 英畝，由現今的瑪麗醫院延伸至華富
邨一帶，面積相等於六個維多利亞公園，牧場一開始只飼養了
80 頭由英國進口的乳牛，並自行生產新鮮牛奶。在高峰時期，
牧場擁有超過五十間牛棚，及飼養接近 3000 頭乳牛。牧場內還
設有牛房、奶房、鍋爐房，更設有纜車，把從海路運抵的牧草
運至山上的牛棚，還有六個高級職員宿舍等。如今，部分設施
分別改建成薄扶林職業訓練局、演藝學院伯大尼古蹟校園附樓。

　　當年六個高級職員宿舍都有各自的名稱，分別是 Domum、
Sassoon Villa、Braemar、Claymore、Alandale 和 Lamma View；

萬巴德爵士 GCMG，Sir Patrick Manson 小檔案

又譯為「白文信」或「孟生」（1844 年 10 月 3 日～ 1922 年
4 月 9 日），DFI 零售集團*的創辦人，是一位蘇格蘭籍醫生。
曾在 1866 年至 1880 年間於打狗（高雄）和廈門行醫，直到
1883 年才到香港行醫。1886 年創立「香港牛奶公司」，1887
年創立「香港西醫書院」，孫中山先生就是該書院第一屆的其
中一位畢業生；而香港西醫書院亦是現今「香港大學李嘉誠醫
學院」的前身，萬巴德爵士就是首任院長。另外，香港大學
內的白文信樓就是以萬巴德爵士命名。萬巴德爵士於 1890 年
返回英國，1899 年創立「倫敦熱帶醫學校」（The London
School of Tropical Medicine），獲譽為「熱帶醫學之父」。

★ DFI 零售集團：原名牛奶國際控股有限公司，簡稱「牛奶公司」，公司在百
　慕達註冊，是怡和洋行屬下在亞洲的一家零售集團。

當中唯一倖存的高級職員宿舍，即牛奶公司牧場經理大屋就是
Braemar（寶馬，於 1887 年落成）。

　到了 1972 年，有發展商相中了薄扶林牧場優越的地理條件，
便把牛奶公司收購，還把部分土地改建成大型私人屋苑豪宅，
即現今的「置富花園」，並縮小了牧場範圍。直到 1980 年，牛
奶公司仍有從外地引進家畜飼養，但當時畜牧業已不景氣，令
牧場逐步衰落。直到 1983 年，擁有九十七年歷史的薄扶林牧場
終告關閉，牛奶公司把牛隻出售到新界，並將四十多間牛房逐
一拆卸，牧場工人才搬離宿舍。

然而，在薄扶林牧場閉幕的同時，其實香港本地出產的牛奶開始大受市民歡迎，而且鮮奶在香港的供應量亦逐漸增加。在八〇至九〇年期間，牛奶已不再是奢侈品，而是成為了平民百姓都喜愛的經濟實惠營養品。

近年，薄鳧林牧場經歷了活化後，重整成為博物館。當中的歷史建築物，包括當年牛奶公司牧場經理大屋「寶馬」、傭工宿舍及車庫，並展示出牧場相關文物器具，還有記錄過去香港乳品工業發展和薄扶林村的歷史，而牛奶公司牧場經理大屋「寶馬」亦被評為一級歷史建築。

牛奶，上一代人記憶中的奢侈品

當年，牛奶是外國人才能享受的奢侈品。因為在六〇至七〇年代，大部分的香港家庭都生活在貧窮線之下，牛奶對一般平民來說是昂貴的奢侈品！當外國人用牛奶來泡澡的時候，平民想喝奶的話，就只能喝煉奶。對比當時吃一頓飯只需要幾毫子，一瓶 235 毫升的牛奶卻需要幾元；所以當時能喝上牛奶可說是身分的象徵，而鮮奶更是十分的嬌貴。

到了七〇年代中期，連牛奶公司的普通員工一直都沒有喝牛奶的機會，於是由牛奶公司工人組成的「牛奶飲品食品業職工會」（港九牛奶公司華人職工會），便向牛奶公司提出建議，最終工會成功為營業部門的鮮奶部員工爭取到「每日有鮮奶喝」的福利。

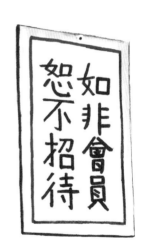

專為牛奶工人而設的服務部
牛奶工人服務部

・成立年份：1949 年
・地址：香港島薄扶林村 15 號

　　薄扶林村因為就在薄鳧林牧場的附近，所以牧場仍然營運的數十年間，很多牧場的工人都聚居於此。村內有一間客家建築風格的老房子，於 1946 年由牛奶工會以工人合股方式策劃成立了「牛奶工人服務部」，街坊會稱之為「合作社」。但這裡其實是專為牛奶工人提供服務的雜貨舖，販賣售賣糧油、臘味、工人服，如白飯魚（白布鞋）、藍斜褲和白裇衫等衣物；後來服務部不再售賣雜貨，搖身變成村民聯誼聚腳地。直到 2022 年負責人退休，合作社才得以完成歷史使命，劃上休止符。

PLUS 2

原於中環市中心的牛奶公司總部

舊牛奶公司倉庫 / 藝穗會

· 建築年份：1886 年
· 古物建築評級：一級歷史建築
· 地址：香港島中環下亞厘畢道 2 號

　　1892 年牛奶公司在中環下亞厘畢道和雲咸街交界，近雪廠街南邊（即現今的藝穗會會址）興建倉庫作為冰窖；一開始的倉庫只有如今大樓的一半，亦即是南翼的建築部分。到了 1896 年，牛奶公司將總部搬到倉庫，其後陸續加設屠場、餡餅生產工場、牛奶分銷中心、零售冰粒雪庫、副食品工場及鍋爐間等設備。1913 年，牛奶公司再將大樓翻新成為總經理住所。1916 年，牛奶公司的中央倉庫經重整後改建成「香港首間超級市場、熟食店」。日佔期間，倉庫曾經被日軍掠奪一空；香港重光後，大樓恢復作為牛奶公司總部並沿用至 1970 年代。到了 1976 年，港英政府因應道路擴闊工程，通知牛奶公司需收回其總部大樓土地，並改批屯門另一處用地作為交換，但最後土地收回後工程不了了之，讓大樓雖得以保留。然而，牛奶公司卻因此需數度遷址，最後才遷進鰂魚涌太古坊德宏大廈至今。

Old Dairy Farm Depot

中環鬧市170年歷史的八角塔樓碉堡

會督府 / 香港聖公會教省辦事處

· 落成年份：1848 年
· 古物建築評級：一級歷史建築
· 地址：香港島中環下亞厘畢道 1 號

　　會督府獨特的都鐸復興式建築風格，屬於香港最早期的西式建築，比禮賓府（總督府）的歷史更加悠久，和旁邊的廣傑樓原本同為聖保羅書院的校舍，還和同區域多利監獄的紫荊樓，並列為香港現存第三古老的殖民地建築；僅次於同區的三軍司令官邸（如今的茶具文物館，詳見第 53 頁）和聖約翰座堂[1]（St. John's Cathedral）。

　　會督府的基石由花崗岩築成，樓高兩層，單邊後方有三層樓高碉堡式八角塔樓。主門朝東的主門上刻有「ANNO DOMINI 1851」字樣（公元 1851 年），也就是聖保羅書院的正式成立年份。地下另外設有側門，門上刻有「耶穌教」三字。

　　位於舊牛奶公司倉庫（詳見第 68 頁）旁邊的會督府，正式名為「香港聖公會教省辦事處」，又稱「主教府」。其歷史可以追溯到 1843 年一名來自英國的史丹頓牧師[2]，獲英國聖公會委任，任命為首位香港殖民地牧師（Colonial Chaplain）。當時史丹頓

Bishop's House ———

主門朝東的主門上刻有「ANNO DOMINI1851」字樣。

牧師除了要負責籌建聖約翰座堂外，同時還參與港英政府之教育教員會的工作，以及籌建香港首間教會學校。但直到 1845 年，會督府及校舍之建築工程才正式展開。

1848 年英國坎特伯雷大主教核准「聖保羅書院章程」，以及位於中環政府山（Government Hill）、鐵崗（忌連拿利，Glenealy）的會督府都一併竣工。翌年當維多利亞教區成立時，史丹頓牧師於會督府內創立了一所專為華人而設的學校後，便移交給新任命的施美夫主教，那就是現在仍然營運中的百年傳統學府「聖保羅書院[3]」。直到二戰後，聖保羅書院才搬遷至般咸道。時至今日，會督府已是香港聖公會教省辦事處，並列為一級歷史建築。

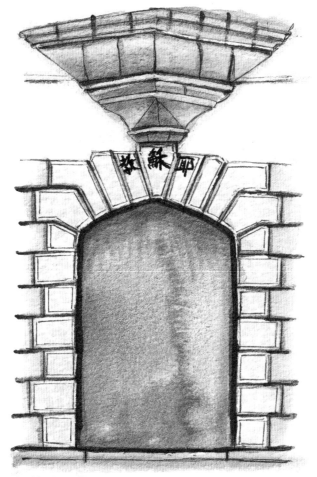

地下側門上刻有「耶穌教」三字

1 聖約翰座堂：關於聖約翰座堂的詳細介紹，收錄在《香港百年 II 光輝歲月》第 154 ～ 157 頁內。

2 史丹頓牧師：史丹頓 (The Reverend Vincent John Stanton，1817 年～ 1891 年 5 月 16 日）是來自英國的傳教士和教育家。史丹頓牧師更是香港首位牧師，也是 1851 年 成立的香港百年傳統名校聖保羅書院的創辦人。

3 聖保羅書院 (St. Paul's College)：創立於 1851 年，是首間在香港本地創立並持續辦 學的學校，其校董會歷史悠久，而且擁有特殊法律地位，是香港少數的法定組織學校， 所以得按照當時香港法律要求，並根據香港立法局（現稱「立法會」）在 1962 年制 定的《聖保羅書院校董會法團條例》（香港法例第 1102 章）及其附例運作。

百年歷史的會督府古蹟建築群

　　除了會督府的大樓外，旁邊的建築物都同屬聖公會旗下的百
年建築群。當中還包括同為一級歷史建築，建於 1911 年，屬於
歌德式建築風格的「聖保羅堂」，是中環早期專為華人而設的
基督教會；在日佔時期，教堂曾被徵用作日軍憲兵訓練學校。
另有興建於 1851 年的「廣傑樓」，它原為聖保羅書院南翼，是
書院最早期的校舍，在 2007 年復修後重新命名為廣傑樓。還有
建於 1919 年的前教堂禮賓樓，又名「馬田樓」，原為聖保羅書
院宿舍，後來曾為多位傳教士的住所，著名歐亞混血女作家韓
素音*曾居於此。日佔香港時期，是許多來自中立國的基督徒避
難之所。

上圖：馬田樓，原聖保羅書院宿舍　　　　　下圖：廣傑樓，原聖保羅書院校舍

＊ 韓素音：本名周光瑚（Rosalie Matilda Chou，1916 年～ 2012 年），後改名為 Rosalie Elisabeth Kuanghu Chow，出生於中國大陸的英國籍亞歐混血作家，著作包括小說《瑰寶》（A Many-Splendoured Thing）和自傳《吾宅雙門》（My House Has Two Doors）等。

PLUS

香港聖公會中環古遺建築群之一
香港聖公會聖保羅堂

- 建築年份：1911 年
- 古物建築評級：一級歷史建築
- 地址：香港島中環己連拿利 1 號

St. Paul's Church

於 1909 年黃茂林、林護、李維楨及史超域牧師與聖保羅書院恰提出合作而興建成的一座共用建築物。直到 1911 年，聖保羅堂舉行奠基典禮。現時，位於中環鬧市中的聖保羅堂已被列入一級歷史建築。

一個世紀的穆斯林文化傳承
回教清真禮拜總堂

· 落成年份：1915 年
· 古物建築評級：法定古蹟
· 地址：香港島中環些利街 30 號

　　位於中環半山區，隱藏著一座漆上了伊斯蘭教《可蘭經》認可的代表色「綠色」清真寺。這裡原本是灰白色的外牆，近年才塗上綠色，抬頭可見有星月標誌的呼拜塔，如宣禮塔般的圓拱頂配尖飾，多葉形尖拱門的禮拜殿入口、彩色玻璃窗，八角形圓拱頂的禮拜殿，朝拜牆上的米哈拉布（mihrab），以及牆上的庫法體（Kufic）書法圖案，還有壁龕朝向聖城麥加城的克爾白*等。此處的每個細節都見證著香港穆斯林文化的發展，與其背負著的重大歷史意義。

　　這裡就是「回教清真禮拜總堂」，又名「些利街清真寺」，是香港現存最古老的清真寺，擁有超過一個世紀的香港殖民穆斯林歷史，也象徵著香港宗教文化的多元性。據了解，於香港信奉伊斯蘭教的穆斯林就有超過 30 萬人，而清真寺是香港穆斯林社群中重要的禮拜和聚會場所，其歷史價值可想而知。

　　回教清真禮拜總堂建於 1915 年，由孟買富商哈吉·穆罕默德·埃薩克·埃里亞斯（Haji Mohamed Essack Elias）出資重建，以

Jamia Mosque

* 克爾白（Kaaba），又稱愷阿白、天堂禮拜寺、真主之室、卡巴天房、天房、卡巴聖
  殿等，是一座立方體的建築物，意即「立方體」，位於伊斯蘭教聖城麥加的禁寺內石
  殿。相傳克爾白是人類始祖亞當所興建，並由亞伯拉罕和以實瑪利父子共同修建。伊
  斯蘭傳統認為克爾白是天堂的建築，也就是天使崇拜真主之處。克爾白是伊斯蘭教最
  神聖的聖地，地球上所有信徒都必須朝它的方向祈禱，虔誠者可親自到麥加去朝拜。

取代在原位置上一間興建於 1849 年的簡陋小石屋清真寺。重建時只保留了舊寺的尖塔部分，形成現今清真禮拜總堂的形態。小石屋年代的清真寺，主要是為從印度次大陸來港的商人、船員、士兵、警察和獄警等的穆斯林，提供禮拜場所；但來港的穆斯林社群日益增長，舊清真寺拆卸後，便重建起現今以可容納約 400 名信徒的回教清真禮拜總堂來取代。

PLUS

專為清真教徒而設的宿舍
清真寺教徒住所

・成立年份：1915 年
・古物建築評級：二級歷史建築
・地址：香港島中環些利街 30 號

位於回教清真禮拜總堂旁邊，是一座於 1915 年清真寺重建時一同興建的樓宇，同時使用了於 1850 年興建的古老小石屋的石材建築而成。清真寺是虔誠的回教徒禱告禮拜之處，而為了幫助貧苦的信徒所搭建起收容所，數十年來由不同國籍的人搭建起寮屋居住在此。當中，清真寺教徒住所就是其中歷史最悠久的三層高收容所之一。

那快被遺忘的戰前樓宇

在《香港百年》中曾經收錄了許多別具代表性的戰前唐樓歷史，不過在此書出版後的短短數年間，很多別具歷史意義和特色的舊樓宇被拆卸掉。當舊事物在現今社會逐一遭到淘汰，我們未必有能力或辦法去阻止，但我們或許能在它尚存之時，盡力做記錄；圖像也好，文字也罷，讓它們曾經存在過的事實，留下一點點的痕跡。

利群道3 ～ 4號

· 建築年份：約 1930 年代
· 古物建築評級：三級歷史建築
· 地址：香港島大坑道利群道 3～4 號

山村道54號

· 落成年份：1925 年間
· 古物建築評級：三級歷史建築
· 地址：香港島灣仔跑馬地山村道 54 號

　　這是跑馬地區內現存最歷史悠久的建築物之一，其業權曾多次翻易手；直到 2016 年，業主將該建築借予保良局使用。此建築是一座粉白的法式典雅建築，不過現在看到的已不是完整的建築物。此處原為「一梯兩伙」的戰前歐式洋樓，而建築物的右半部分已被拆掉，並在 1980 年代改建成現今的匯文樓。現存的洋樓只剩下建築物的左半部分，由樓高三層的主樓及車庫構成，主樓建於高台上，需經一座花崗石階梯前往，車庫則位於階梯旁邊。

有記合臘味家

·落成年份：1913～1926年間
·古物建築評級：三級歷史建築
·地址：香港島上環皇后大道西1號

　　香港僅存其中一座的直角轉角唐樓，位於皇后大道西與文咸東街交界，面向水坑口街，為四層高的唐樓，建於1926年或更早。建築風格糅合了華洋特色，是新古典主義特色的建築。原業主是著名燒味店有記合臘味店，因此唐樓外牆刻有清晰的「有記合」和「金豬」、「臘味」等字樣，而且更保留著戰前「有記合」的水磨石招牌至今。另外，有記合曾是嘉禾酒廠經銷處，所以麻石柱側面亦特意寫有「嘉禾酒廠出品派發處」的字樣。當然，正面還寫有「聘禮金豬臘味總匯」及「金華茶腿南安臘鴨」的字樣。此外，1987年臘味店結業後，地舖曾租予懷舊涼茶店「涼茶第一家」使用。

彌敦道729號

・落成年份：1928 年
・古物建築評級：三級歷史建築
・地址：香港九龍旺角彌敦道 729 號

　　這棟建築物是彌敦道上僅存的唐樓之餘，更連繫著香港的武術歷史。樓高三層，是典型的下舖上居唐樓，建有由地下立柱支撐的騎樓，並向外延伸，形成有蓋行人路，屬經典的戰前騎樓設計。它的設計受新古典主義風格影響，建有弧形露台，露台中間有一對愛奧尼亞式圓柱，兩旁末端則裝飾有多立克式柱頭的方柱，兩對立柱皆從一樓延伸至二樓。屋頂中央有階梯狀山牆，以及手寫 1929 字樣的女兒牆。上個世紀三〇年代，洪拳大師陳漢宗就是在此授拳行醫近半個世紀。

毓秀街11號

- 落成年份：1929 ～ 1930 年間
- 古物建築評級：三級歷史建築
- 地址：香港島灣仔跑馬地毓秀街 11 號

　　同樣原為經典的樓高三層「一梯兩伙」的戰前歐式洋樓，而且也只剩下「半邊」。以鋼筋混凝土建造，其一樓及二樓設有懸臂式露台，外牆保留當年的上海批盪裝飾，八角形窗戶，正立面、露台、屋簷、女兒牆上則有幾何裝飾設計的裝飾藝術風格，室內還有木樓梯，而樓宇後方設有供僕人上下的樓梯，俗稱「妹仔梯」，見證著跑馬地從黃泥涌村發展為富裕社區的西式住宅區的重要標記。在 2012 年經易手後，得以修復並活化成 F11 攝影博物館，但該館已於 2020 年閉館。

毓秀街15號

· 落成年份：1931～1932 年間
· 古物建築評級：二級歷史建築
· 地址：香港島灣仔跑馬地毓秀街 15 號

　　香港現存唯一保存完整的「一梯兩伙」戰前歐式洋樓，樓高四層，外牆紅磚搭配粉綠色露台，設計左右對稱。二、三樓皆有落地法式大窗可通往露台，地面樓則是車庫，大宅糅合意大利文藝復興及英國愛德華式建築風格。

彌敦道190號

· 落成年份：1937 年
· 古物建築評級：二級歷史建築
· 地址：香港九龍尖沙咀彌敦道 190 號

　　彌敦道上僅存的戰前直角轉角洋樓，樓高四層，建有騎樓，外觀設計混合了兩種不同的建築風格，而內部空間則使用了近似華南地區的店屋設計。建築物面向柯士甸道的側立面，採用了新古典主義風格設計，各樓層都設有末端呈弧形的長廊露台，天台矮牆建有垂直的鰭狀裝飾，兩端均有一個樓梯艙壁。彌敦道的正立面，則採用二〇至三〇年代歐美流行的裝飾藝術風格設計，設置仿石柱及騎樓，天台矮牆的中央部分呈三角形，並有一個旗杆狀的柱子作裝飾。這棟建築是尖沙咀現存與日佔時期有直接關係的民間建築，因為當時的業主陳氏兄弟曾以此處作為抗日運動的基地；地舖的位置亦曾被日軍憲兵部佔用過。

般咸道35號

- 落成年份：1927～1935 年間
- 古物建築評級：二級歷史建築
- 地址：香港島薄扶林般咸道 35 號

　　位於西半山般咸道的最後一幢戰前洋樓，樓高四層，採用殖民地建築風格與南亞特色混搭設計，漆有淺綠色外牆，每層均配有大斜角露台，外形獨特高雅。越戰期間，這裡地舖的餅店專為到港美軍供應高級麵包。

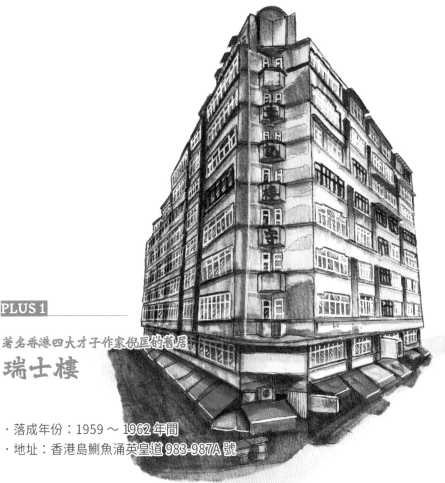

著名香港四大才子作家倪匡的舊居

瑞士樓

‧落成年份：1959 ～ 1962 年間
‧地址：香港島鰂魚涌英皇道 983-987A 號

　　位於鰂魚涌區電車路旁的地標性轉角唐樓，由著名建築公司的章記建業（Cheong K.）所建成，九層高的唐樓每層均建有裝飾用的陽台，並在外面刻有紅色的「章記樓宇」字樣，以標榜其建築的樓宇均是信心保證。近年大廈被收購面臨重建，並創下了香港有史以來最高金額的強拍底價記錄。有「香港四大才子」之稱的著名科幻作家倪匡，亦曾是住戶之一，他在其散文中曾提及坐在窗前，對著英皇道寫稿。由於大樓無設置電梯，所以每天跑樓梯也成為他的日常。

PLUS 2

第一代公務員合作社房屋
融苑

· 落成年份：1950 年間
· 地址：香港島大坑浣紗街 67 號

　　建於 1950 年代的公務員合作社房屋*，建築設計充滿著殖民地建築風格，設有大露台和落地玻璃窗，室內面積廣闊，裡頭的住戶都是政府的高級官員，屬於當時的平民豪宅建築之一。由於建築設計特殊，多年來都是電影、電視、廣告等的拍攝場地，當中包括：港產電影《金錢帝國》和《常在我心》，以及 1997 年家傳戶曉的金香米《食飯喇》廣告，都是在這裡取景拍攝。

★ 公務員合作社房屋：是 1950 年代港英政府推出的公務員住屋福利計劃下所建造的房
　屋，計劃中允許公務員根據《合作社條例》組成公務員建屋合作社（簡稱「合作社」），
　並向港英政府申請批地和低息貸款，以興建公務員專用的住所（公務員樓宇）。但由
　於該類建築物的業權屬於合作社，如果個別單位的業主想要轉售該單位，則必須事先
　徵得合理社中 75％ 社員的同意，並解散該合作社後，再為各單位另立分契，完成後
　再向地政署申請撤銷及轉售該業權限制與繳付相關補地價，才可自由轉讓其單位。

著名文藝作家張愛玲的旅居之處
繼園街60 ～ 74號

· 落成年份：1957 年（已拆卸）
· 地址：香港島上環士丹頓街 88 及 90 號

這是一條在北角的大斜路，沿著電照街一直走，經過大型豪宅柏蔚山屋苑後，就會到達繼園街（繼園山）。上個世紀三〇年代，這裡曾有一座傳統三進庭院大宅建築，稱為「繼園」；景緻優雅，連作家司馬長風都曾在散文集提及其別致的建築，更被外界喻為全港最偉大建築。直到七〇年代，繼園才被拆卸，並改建成私人樓宇。繼園山除了繼園大宅外，還有由任冠生設計，1957 年建成並在 2021 年拆卸，揉合摩登流線型建築和包浩斯風格的繼園街 60 ～ 74 號建築群；其基座為店舖及二至三層高的唐樓。

在 1950 年代，北角區已逐漸聚集了很多文化名人，包括詩人戴望舒、作家蕭紅與神殿級小說作家張愛玲等；大名鼎鼎的翻譯家、文藝評論家和著名國語電影《星星月亮太陽》的製片人宋淇夫婦、作家司馬長風及京劇演員孟小冬等都曾經居於繼園街內。在張愛玲旅居香港期間，也經常到訪繼園街宋淇夫婦的家作客。多年來這裡吸引了許多電影到此取景，然而人去樓空，汰舊換新，繼園街 60 ～ 74 號最終都在 2021 年遭到拆卸重建。

特別收錄 1

銅鑼灣避風塘的百年炮彈聲
怡和午炮

· 開始年份：1841 年
· 地址：香港島銅鑼灣避風塘岸邊

每天準時在中午 12 時，於銅鑼灣海邊都會出現一聲炮彈的巨響……

很多人都不知道從何來，但這個聲響其實已在銅鑼灣迴響超過一百年，無論風吹雨打，天氣好壞，天天都會準時為大家報時，這就是承傳百年的獨有傳統儀式「怡和午炮」。

在銅鑼灣避風塘的岸邊，有一座由怡和洋行擁有的炮台，其歷史可追溯到 1841 年，即香港開埠時期。當時怡和洋行從港英政府購得東角岸邊的土地並興建起渣甸貨倉，並設有貨運碼頭。最初設置炮台的目的是為了應付海盜侵擾，後來才改成鳴放禮炮來為大人物歡迎和送行。一直到了 1850 年代，怡和洋行總經理羅拔·渣甸爵士剛從英國回到香港時，其船隻在鯉魚門越過了懸掛著高級海軍旗幟的軍艦，當時怡和的員工按照慣例鳴放代表最高敬意的 21 響禮炮；但此舉得罪了駐港英軍，認為「只是

The Jardine Noonday Gun

一間商行憑什麼鳴放禮炮？」最後，怡和為了賠罪並表示歉意，
便負責每天中午 12 時鳴放禮炮報時，作為懲罰，炮聲要能遍及
整個維多利亞港兩岸，以表示上午工作時段結束。這個午炮儀
式一直持續到今天超過 180 年。不過在 1959 年時，因為附近居
民投訴午炮炮聲過響影響生活，所以從那時開始，禮炮的聲響
逐漸降低，而且每次鳴放時都會先搖鈴八次再鳴放。

特別收錄 2

從此郵政總局將遠離香港島

香港郵政總局（第四代）

・落成年份：1976 年
・地址：香港島中環康樂廣場 2 號

　　自香港開埠至今，香港郵政總局都是位於香港島的中環區，雖然經歷了多代的變遷，卻始終堅守在香港島中心地帶，為市民提供優質的郵政服務。然而，建於 1976 年的第四代郵政總局，即將完成它的使命，為了配合特區政府發展中環新海濱的計劃，需要遷離香港島移入九龍區內，並以第五代的新面目再次為大眾服務。

　　即將面臨拆卸的第四代郵政總局，是以現代主義建築風格建成，是戰後香港公共建築的經典設計，和已成為法定古蹟的香港大會堂、第三代中環天星碼頭，以及已拆卸的皇后碼頭屬同一風格。第四代郵政總局於 1976 年落成並啟用，臨海而建，郵局對開就是維多利亞港，方便郵件可經輸送管進入船艙內，再立刻轉至外洋船上，運到世界各地。多年來，幾代的郵政總局位置都是因應海岸線變動而變遷，另外，郵政總局一直以來都是使用率最高的郵政局之一。

The fourth generation of
General Post Office

PLUS 1

香港史上最瑰麗經典的維多利亞時期建築
香港郵政總局（第三代）

· 落成年份：1911 年（已拆卸）
· 地址：香港島畢打街與德輔道交界（現今環球大廈所在位置）

　　已拆卸的第三代郵政總局又稱「書信館」，當時第三代的郵政總局大樓除了是郵政部門外，更有其他重要的政府部門在此辦公，例如潔淨局（即市政局前身）、庫務署等。第三代郵政總局在維多利亞時期開始設計興建，自 1902 年起，總共花費八年的時間來策劃和興建，大樓運用了最流行的維多利亞哥德式全盛時期的裝飾設計。加上，當時的第十二任港督卜力爵士認為此大樓是非常重要的公共建設，應以高規格的建築材料來興建，最後選擇了當時較昂貴的花崗石和紅磚來建造大樓的主要立面條紋圖案外牆。這種建築風格跟英國較宏偉的經典建築相同，目的是以豐富的裝飾彰顯其壯麗堂皇與氣派。當然最後這個獨特且華麗的建築工藝，直到一百年後的今天，仍然是香港史上最美麗的郵政總局。無論任誰來看，大家對這座建築物的外觀評價都是以「嘩然」來表達。

　　來到 1960 年，港英政府決定在中環填海區興建全新的郵政總

The third generation of General Post Office

第三代書信館. yak. 01.2024.

局（即第四代郵政總局）；1976 年郵政總局原址需要興建地下鐵路，第三代郵政總局最終在這一年正式拆卸，另一邊第四代郵政總局正式營運。當時從第三代郵政總局拆卸下來的少量構件和建築裝飾，其中包括四支石柱，現存放於嘉道理農場暨植物園，為「四柱擎天」景點。另外，原本在大堂內的室木拱形匾額，則搬到第四代郵政總局大堂內掛放著。

　　位於灣仔皇后大道東上，現在的建築已不再是郵政局，而是
環境保護署旗下的環境資源中心：環保軒。作為香港現存最歷
史悠久的郵政局建築物，建於 1912 至 1913 年期間，是一座簡
樸的曲尺型人字瓦頂建築，並按照嶺南建築風格建造，其荷蘭
式的山牆及灰塑甚具特色，結合了中西式的建築風格。

　　不過郵政局的位置，在十九世紀時其實是一座警署，在 1903

PLUS 2

現存歷史最悠久的百年郵政局建築

舊灣仔郵政局／環保軒

Old Wan Chai Post Office

· 落成年份：1912 年
· 古物建築評級：法定古蹟
· 地址：香港島灣仔皇后大道東 221 號

年警署遷出，潔淨局決定興建一座公共廁所；廁格有 40 個，使用了十一年後便拆卸。直到 1915 年，此處才正式改建成現在看到的舊灣仔郵政局樣貌。舊郵政局有超過百年的歷史，雖然已經不再提供郵政服務，但是建築物經過保養和修復後，於 1990 年獲列為法定古蹟，並且保留著郵政局前身設施，包括紅色郵箱牆、柚木櫃檯和郵票售賣機。舊灣仔郵政局占地面積不大，但卻設有大堂、辦公室、宿舍、廚房和廁所，設備一應俱全。

相傳曾經是學者聚居地

儒林臺
U Lam Terrace

· 建築年份：約 1909 年
· 地址：香港上環儒林臺

位於太平山上的儒林臺，擁有接近一百年的歷史，這個看似是普通石欄、石梯的建築物，卻蘊藏著豐富的歷史。儒林臺建於約1909年左右，石欄以水泥為主體營造，刻有古典條紋裝飾，扶手更是花崗石面，基座則是紅磚砌成。相傳，儒林臺曾經是內地知識分子來港避難時的聚居地，所以命名為儒林臺，而「儒林」則取其「儒者成林」的意思。

除了儒林臺外，這附近原本還有學士台，但已經遭到拆卸，成為了今天的豪宅區。這一帶曾經是港產民初劇時常取景的拍攝地，如港劇《新難兄難弟》、電影《西環的故事》和《金雞sss》。如今，在樓梯街附近的位置還有當年刻上的儒林臺三個大字。

依舊的山上百年
山頂纜車

　　乘著山頂纜車前往香港港最高的山峰「太平山」，整段車程就像一段穿越時空的旅遊，穿梭在古老與現代交融的建築之間，纜車緩緩登山，讓你能感受香港最獨特的風情。

　　經過那座百年歷史的石橋時，讓人感嘆這些橋樑承載了多少人的回憶和故事，隨著纜車穿越在城市的綠林，乘客瞬間感覺副脫離了城市的喧鬧，在這裏可以呼吸到城市難得的清新空氣。當纜車接近山頂時，壯麗的維多利亞港如同一幅畫布展現眼前，不管你來過多少次，這裡的景色依然讓人震撼。這片美景百年來見證了香港人的堅持與努力，完美地呈現香港人的精神。下車後，若想更深入欣賞香港的風景，不妨前往盧吉道*走走。這條歷史悠久的百年棧道，走在上面感覺就像離開了香港，從遠處俯瞰香港的美景，體驗那聞明百年的「仙橋霧鎖」美麗景致。

　　山上的百年歷史見證了山下的百年變遷。山頂纜車在太平山上屹立超過一百年，成為香港三大百年公共交通的一部分，也是最古老的運輸系統之一。坐上這纜車，不僅是一次旅行，更能重溫一段難得的百年歷史故事。

*盧吉道：關於盧吉道的詳細介紹，收錄在《香港百年》第 262 至 265 頁內。

The Peak Tram

人力，曾經是唯一的選擇

　　作為香港開埠以來首個運行的機動公共交通系統，山頂纜車是亞洲首條地面纜車，自 1888 年投入服務至今已超過 135 年。山頂纜車的出現不僅為前往太平山的乘客提供了極大的便利，也成為香港的重要旅遊熱點。

　　在纜車啟用之前，太平山上的居民只能依賴轎子，由兩名轎夫辛苦地將乘客抬上山，不論天寒地凍還是夏日炎炎，轎夫們都是大汗淋漓。隨著時代的變遷，山頂的發展 日益繁榮，山頂纜車的啟用不僅解決了交通困難，還為遊客帶來 全新的觀光體驗。乘坐纜車，遊客能在高處中俯瞰 壯觀 的維多利亞港和香港島的 迷人景色，這種獨特的視角讓每位乘客都能深刻體會到香港的魅力。

　　香港的氣候炎熱潮濕，但太平山作為香港島的最高點，這裡的環境相對清爽，特別適合避暑。早在 1868 年，港督麥當奴爵士便在山頂建造起避暑別墅，以享受這裡的 宜人 氣候。漸漸地太平山成為了洋人富豪和名流的避暑 場所。根據 1883 年的政府統計，當時整個山區僅有 30 至 40 戶人家，包括港督麥當奴（Richard G. MacDonnell）本人在內。這些上流社會的居民通常會雇用轎夫，依賴人力轎子作為交通工具，方便往返山頂。當時的轎夫們都會穿著整齊的制服，就像現代的私人司機般。

如今，山頂纜車已不僅僅是交通工具，更成為香港文化的一個象徵。不論是本地居民還是外來遊客，都喜愛搭乘這條歷史悠久的纜車，體驗那份 獨特的香港情懷。無論身在何處，山頂的吸引力始終如一，成為香港歷史的一部分，讓人們在纜車的旅程中重溫往昔的故事與回憶。

十九世紀末至二十世紀初太平山的專用權

港英政府為了防止瘟疫的蔓延和病毒的傳播，在 1888 年頒布了《歐洲人住宅保留條例》。這項法令限制華人進入歐式風格的社區和建築，顯示出當時的種族隔離政策。直到 1904 年政府再次強化這項政策，再頒布了《山頂區保留條例》。根據這項法令，只有歐洲上流社會和外國使節才能在太平山居住，華人除非獲得港督的特別許可，否則不得在該區居住（傭人除外）。

這些措施的出現為的就是突顯山頂的獨特地位，卻加深了社會間的不平等。直到 1947 年，這項制度才最終被廢除，標誌著香港在種族平等方面邁出了重要的一步。

香港開埠史上首個機動公共交通工具

1873 年，香港山頂酒店（The Peak Hotel）在太平山頂隆重開幕！這座華麗建築不僅坐擁壯觀的維多利亞港景致，還吸引了無數名流和貴族搭著轎子蜂擁而至，彷彿是一場豪門盛宴般。但無奈的是，那時候的客人唯一能依賴人力抬轎到達，出行簡直就像一場艱難冒險非常不便。

於是，到了 1881 年蘇格蘭商人亞歷山大・芬梨・史密夫（Alexander Findlay Smith）靈機一動想到辦法解決！他不僅是山頂酒店的創辦人，還擁有在蘇格蘭高原鐵路工作的豐富經驗。他決心在香港島建設一條纜車鐵路，讓人們輕鬆抵達山頂享受這裡的美景，於是便向港督軒尼詩爵士提議，計劃將中環美利樓南側與山頂的維多利亞峽（Victoria Gap）相連，這項計劃不僅能推動山頂地區的住宅發展，還能為他的山頂酒店帶來可觀的收入。

經過幾番努力，1882 年港英政府終於點頭批准了他的計劃，並頒布了《有軌電車事業條例》，決定先發展市區的電車，然後再來蓋山頂纜車！同年，香港高山纜車鐵路公司正式成立，開始為這個宏大計劃鋪路。1885 年港島區的纜車鐵路終於動工，

麥當勞道纜車站

梅道纜車站和第五代山頂纜車

到了 1888 年山頂纜車正式投入服務，並由當時的港督德輔主持揭幕儀式！

山頂纜車啟用的消息轟動一時，首年載客量便達至 150,000 名，成為中區與山頂之間的重要交通樞紐。隨著 1920 年代山頂道的開通，這條纜車的地位愈顯重要，不僅是交通工具，更是香港歷史的一部分，見證了城市如何隨著交通的發展而變化，進而改變了人們的生活！

纜車站名字的由來

乘坐山頂纜車，從中環花園道的美利兵房側總站出發，沿途經過五個充滿歷史韻味的中途站。這些站名都蘊含著崇高的敬意，紀念著曾經的港督和將領。

首先是**堅尼地站**，這裡是為了紀念第七任港督堅尼地爵士（Arthur E. Kennedy）而設立。接著將經過**麥當奴道站**，這是為了紀念第六任港督麥當奴爵士。再來是**梅道站**，這個站名是為了紀念第十五任港督梅含爵士（Henry May）。

接下來，會再經過**寶雲道站**，這個站是為第九任港督寶雲爵士（Sir George Ferguson Bowen）所設，但可惜的是，這個站早在 1985 年就關閉並拆除了，現在只剩下原站候車的月台和梯級的遺跡，等候著路人去發掘它的歷史故事。

白加道纜車站，亦是現代人拍攝婚紗照的祕景之一。

最後會抵達**白蘭特順道站**，這是種植道（Plantation Road）的舊中文譯名，紀念的是三軍司令白加（G.D. Barker），而現今的站名則是**白加道站**。

一路上，纜車緩緩攀升，越過翠綠的山道，最終到達終點山頂站！這段旅程不僅欣賞到壯麗景色，還能感受到深厚的歷史底蘊，成為了遊客必訪的重要地標之一！

特設港督專用座位

山頂纜車在初期的設計中，車廂使用了油漆處理的木材，並搭載了燃煤蒸汽引擎，最多可容納 40 位乘客。每個車廂的前後都有幾排開放式座椅，而中間則分為三個等級，其中最中央的部分專為頭等客人保留。

　　特別的是，從 1908 年開始，纜車的首排座位還有兩個專為港督及其夫人預留的特別位置。這些座位的椅背上掛著刻有「THIS SEAT IS RESERVED FOR HIS EXCELLENCY, THE GOVERNOR.」（此座位留予總督閣下）的銅牌，這些座位在纜車發車前的兩分鐘內，是不可乘坐的，專門為了香港總督的到來而保留。不過，這個特權一直延續到 1949 年才正式取消。

　　如今，所有乘客都可以享受坐在車廂第一排的機會，體驗太平山下的變遷。無論時間如何消逝，太平山上的風景依舊迷人。這段十分鐘的旅程，從花園道總站到達山頂終點站，見證著香港從一個小漁村蛻變為繁華都市的歷史進程。

舊時的收費分等級

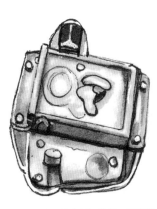

山頂纜車車票架

山頂纜車響鈴車票打孔機：早期纜車職員使用特製的打孔機來檢票，俗稱「叮叮」，當使用打孔機時會發出「叮叮」的聲響而得名。

當時的山頂纜車票價根據車廂的等級而有所不同，分為三種獨特的等級。頭等票價為三毫，這個等級主要供殖民地官員和太平山的洋人居民乘坐；二等票價則是兩毫，供英軍和香港警務人員使用；最後，三等票價為一毫，專為其他香港居民提供。

當乘客搭乘纜車回程時，票價一律減半，讓人有划算的感覺。雖然這樣的收費制度反映了當時階層分明的社會，卻也讓每個人都能享受到山頂的壯麗景致。

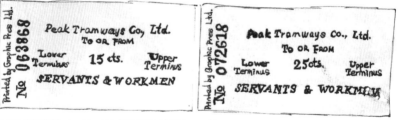

1920 年代車票：在 1926 年之前車票分三個等級，頭等是一般乘客，二等是軍人、水兵和警察。三等則是專門為山頂富豪打工的傭人、僕人使用，此等級的車票亦相對便宜。

1930 年代車票

橫跨一個半世紀的山頂纜車演變

自 1888 年開始運營的山頂纜車，隨著時代和科技的進步，纜車的車廂也經歷了多次變化，從最初的木製車廂演變到如今全鋁製的第六代。每一代的更新不僅提升了乘客的舒適度，也大幅加強了安全性。

第一代 · 運行時間：1888 年～ 1926 年

這一代的車廂是由木材打造，車身呈溫暖的咖啡色，搭載燃煤蒸氣發動機，每次最多可載40 位乘客。

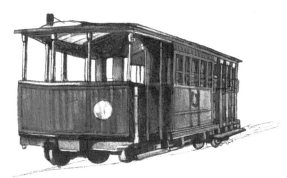

第二代 · 運行時間：1926 年～ 1948 年

這一代全面改為由英國曼城生產的電動拖曳齒輪驅動，並以架空電纜供電，車身依然是咖啡色，載客量提升至 52 人。

第三代 · 運行時間：1948 年～ 1957 年

維持電動拖曳齒輪驅動，但這次換上全新的全金屬製車廂，車身顏色變為綠色，載客量再提升至 62 人。

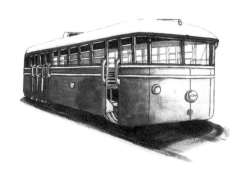

第四代 · 運行時間：1957 年～ 1989 年

這一代的車廂由英國 Metal Sections 製造，使用全鋁材質，車身最初為紅色。為慶祝山頂纜車開業七十周年，1958 年又將顏色改回綠色。這一代的載客量增至 72 人，並首次採用了密封式設計，外頭風吹雨打也影響不了乘客。

第五代 · 運行時間：1989 年～ 2021 年

　　由於地鐵通車，山頂纜車的乘客大增，而且上一代需要退役，取而代之的是載客量更高的新車廂。這一代的車廂使用電子化控制系統及纜索系統驅動，並拆除了架空供電設備，換上由瑞士 Von Roll Transport System Limited 和 Gangloff Cabins AG 製造的紅色全鋁製車廂，載客量提升至 120 人。

第六代 · 運行時間：2022 年～至今

　　這一代車廂使用全新的微型計算機控制系統，由瑞士的 Garaventa、CWA 和 Frey 等公司製造，車身重新換回綠色，向 20 世紀早期的兩代綠色山頂纜車致敬。全新的車輪式轉向架使行車時更加安靜，載客量也增至 210 人。

特別收錄

原纜車英國工程師工作及休憩的地方
舊山頂餐廳 / 太平山餐廳

Old Peak Café

・落成年份：1888 年
・古物建築評級：二級歷史建築
・地址：香港島山頂山頂道 121 號

　　提到山頂纜車的歷史，怎能不提位於山頂總站旁的太平山餐廳？這裡藏著纜車通車初期的一段特別歷史。

　　在山頂纜車建設期間，這座餐廳的位址原本是英國工程師的辦公和休憩場所。1888 年纜車終於通車，但直到 1901 年，這裡的土地才交還給政府，隨後改建為公共和私人力轎的停放處，以及轎伕的休息棚屋，方便山頂的居民使用纜車到達山頂後，再轉乘人力轎回家。

　　不過這個轎伕的休息棚在日佔時期卻被日軍徵用作為警崗，直到戰後才歸還給政府。然而，隨著人力轎的逐漸淘汰，棚屋於 1947 年正式改裝成露天茶座和西餐廳，這便是後來的「山頂餐廳」。當時的餐廳僅在室內裝上木地板和玻璃門，保留了原有的建築特色。

　　可惜好景不常，1989 年山頂餐廳結業，新經營者接管後，對餐廳內部進行了大規模改動，導致原有的歷史建築完整性受到破壞。最終在 2003 年，餐廳再次易手，成為如今的太平山餐廳（The Peak Lookout），並營業至今。這段歷史不僅讓人感受到山頂纜車的變遷，也讓每位來到這裡的食客都能品味到過去的故事！

百年婦女的家

梅夫人婦女會主樓

The Helena May Institute

- 建築年份：1916 年
- 古物建築評級：法定古蹟
- 地址：香港島中環花園道 35 號

梅夫人婦女會大樓是由第十五任港督梅含理夫人（Lady Helena May）於 1913 年創建，並於 1916 年正式啟用，成為香港首間專為歐籍婦女設立的宿舍會所。這座大樓位於中環山頂纜車花園道總站的後方，承載著一段獨特而珍貴的歷史。

在日佔期間，這座建築曾被日軍佔用，作為會所和馬廄的用途；戰後又被英軍短暫徵用，經歷了一段不平凡的變遷。直到 1946 年，梅夫人婦女會大樓重新開放，專門為職業婦女提供住宿，成為她們的避風港。

隨著社會變遷，從 1985 年起，這裡不再限於歐籍婦女，任何國籍的女性都可入住，讓更多女性能享受到這個溫馨的居所。這座大樓不僅見證歷史，也是女性力量的象徵，讓人對過去的故事充滿敬意。

● 第三章

堅守的
老舖傳承

　　在香港街頭巷尾，能夠經營近二十年的店舖，亦能算是老字號的代表。但在這短短的幾十年間，租金如同火箭般飆升，即使近年經濟低迷，租金卻依然不減反增，讓不少小店面臨生存的艱難挑戰。在這樣的環境下，連香港人都選擇北上或出國消費，小店的經營者們卻不得不在狹小的生存空間中苦苦掙扎。

　　除了經營者的堅持，金錢的壓力也如影隨形，面對收地重建的無奈，讓很多有心者無法找到適合繼續經營之地，即使心有餘而力不足，仍有不少人希望延續家業，在香港立足超過百年，成為百年品牌或老舖，所以即使經營僅四十、五十年，也是無比珍貴。而這份堅持，正是香港獨特魅力的一部分，也是這片土地上堅守著傳統和未來的深自期許。

位於九龍太子區的老舖成興隆糧油雜貨店

兩個世紀的傳統裙褂老字號
冠南華

· 開業年份：1920 年代（香港）
· 地址：九龍彌敦道 383 號地舖及 1 樓

「嫁女？冠南華啦！結婚？冠南華啦！」這句收音機廣告對白如同香港婚禮的魔法咒語般，瞬間喚起了無數人的美好回憶。這是來自 1980 年代香港人們耳熟能詳的大氣電波（電台）廣告，讓整個香港的人都牢記的品牌，也成為婚嫁禮服的代名詞。

冠南華成立於約 1920 年，一開始是在廣州的高第街，專注於販賣寢具和婚嫁用品。隨著十九世紀初期中國內戰頻繁，創辦人便帶著一家大小移居到香港生活，並落戶香港在灣仔的駱克道開設了首間冠南華分店。與廣州時期一樣，店舖除了販賣婚嫁用品外，還會販售布藝雜貨，如棉被、蚊網（蚊帳）和寢具等。直到 1940 年代，冠南華在旺角的上海街開設第二間分店，當時此街已經開始聚集了很多同類型的店舖。到了 1950 年代，廣州的冠南華老舖正式結業後，老闆便把經營的重心轉移到香港。

經過多年的經營，冠南華在上海街開設了多間分店，曾經更在分店設置樓上工廠，專門「打棉被」，從此為品牌的發展打下了堅實的基礎。到了 1960 至 1970 年代，上海街已經成為了著

名的「結婚禮服街」，來這裡的人都是正在籌辦婚禮的新人們，這裡除了有婚嫁用品店外，還有繡莊、和囍帖印刷店等等。

香港傳統裙掛禮服的老行家

直到 1980 年代，冠南華決定把上海街分店搬回自家物業油麻地平安大廈開設總店（即現址），並逐漸擴充營業。後來為了更專注為客人提供服務，加上附近對於寢具雜貨的競爭相當激烈，自此冠南華便正式轉為「專營中式婚嫁禮服店」。加上多年來，對裙掛禮服的專業認知和高質量的要求，便成功以中式裙掛打響名號。到了 2000 年代，新娘對於西式禮服的需求日益增加，

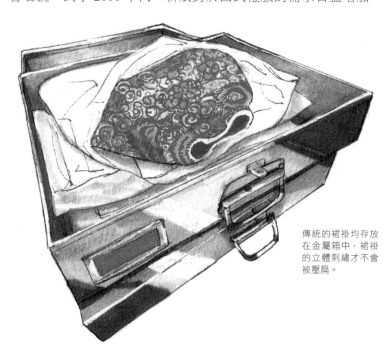

傳統的裙掛均存放在金屬箱中，裙掛的立體刺繡才不會被壓扁。

加上客人們的不斷建議，大家都希望能夠有一站式籌備中西式婚嫁所需禮服的地方，為了滿足顧客日漸增加的需求，第三代掌舵人便親自走訪各大歐美品牌，為客人搜羅高品質的西式禮服，包括晚裝、西裝、長輩禮服，以及最重要的新娘婚紗，為顧客

帶來更豐富的中西式禮服選擇。並成功轉型為一家大型一站式婚嫁服飾中心，除了禮服外，店內還有供應其他婚嫁雜項，只要到冠南華就能為你解決婚禮一切所需。

冠南華的裙褂不僅是一件服飾，它承載著無數家庭的回憶與情感。每一件裙褂背後都有一段故事，無論是新娘的期待、父母的祝福，還是朋友間的分享，這些情感交織在一起，使得每一套裙褂都充滿了生命的意義。

裙褂介紹

裙褂是中式婚禮必備的傳統服飾，讓新娘在婚禮上熠熠生輝。最傳統的裙褂款式為上身黑色「褂」，下身紅色「裙」，黑色象徵著尊貴的形象，這樣的配色不僅代表著風光出嫁，也彰顯了新娘的高貴氣質。然而，隨著文化習俗的變遷，從 1980 年代開始，新娘們漸漸不太會穿著黑色裙褂；更多新人喜愛紅色的裙褂，這些顏色被認為更能帶來喜慶和吉祥的氛圍。

一般新娘所穿的裙褂都是以紅色為主，上面以金線、銀線等不同顏色的絲線刺繡出花紋，左右對稱；所有刺繡拼起來就是吉祥的象徵，幸福、財富、長壽、健康和美德的到來，既展現出華麗的視覺效果，並傳達對未來幸福生活的美好祝願。

製作工藝與歷史

裙褂的製作過程需要經過三百多道工序，全部由技藝精湛的工匠手工完成。值得一提的是，最上乘的裙褂刺繡工藝使用了中國十大刺繡之一，非物質文化遺產的「蘇繡」，這種技術擁有兩千年的歷史，讓每一件裙褂都如同藝術品般獨特。至於穿中式褂的習俗，則源自明清年間的廣東地區，據說起源於明武

宗年間的名臣梁儲，因受到明武宗的賞賜而穿著馬褂成婚。梁儲的祖籍在廣東，因此鄉親們都以此為榮，並將這一習俗沿襲成風，使得女兒出嫁時必須穿裙褂，成為當地的一項傳統風俗。但隨著時代的過去，擁有精湛技術的工匠亦開始後繼無人，導致這項技術亦變得越來越罕見，要做出完美高檔的裙褂，更是難上加難，所以裙褂才會如此珍貴。

即使現在市面上出現很多便宜的裙褂，但是老行家一看褂上的龍鳳刺繡，從龍變蛇，鳳變雞時，所有的象徵意義都將消失，裙褂真正的價值便蕩然無存，傳統文化當然就被大家逐漸忘卻。

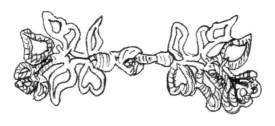

現代的裙褂都是金屬暗扣，但舊時的扣子則使用
純人手工製作的花鈕，令裙褂款式更加細緻。

為新娘注入無限的祝福
傳統裙褂圖案

龍鳳象徵「龍鳳呈祥」

左右兩邊各五隻福鼠象徵「五福臨門」

金魚象徵
「年年有餘」

花朵象徵「花開富貴」

祥雲象徵
「祥瑞之氣」

祥雲象徵「鴛鴦戲水」

裙褂的分類

褂皇

金銀線手繡比率近 100％，因為刺繡絲線已覆蓋整幅紅布，使得裙褂原來的紅色底色幾乎看不到，所以又稱為「密地」。這是裙褂中的高級選擇，刺繡技術最高，價格也最貴，維護費亦都高。

褂后

金銀線手繡比率 80 ～ 90％，這種裙褂的刺繡技術次於褂皇，設計上也非常華麗。

大五福

金銀線手繡比率 60 ～ 70％。

中五福

金銀線手繡比率 50 ～ 60％。

小五福

金銀線手繡比率少於 50％，這是紅色布料顯露最多的款式，也是刺繡最少的款式。

圖為褂后款式

子孫帶

長輩裙褂

　　長輩裙褂通常由家庭中的年長女性穿著，以示尊貴和傳承。這些裙褂的設計通常較為傳統，常常包含龍鳳等吉祥圖案，以及象徵兒孫繞膝的「子孫帶」，寓意兒孫滿堂，家族繁榮。長輩裙褂在顏色上也講究，避免與新娘的裙褂撞色，以顯示對新人的尊重。六十歲以下的奶奶和外母通常會選擇棗紅色裙褂，至於六十歲以上的婆婆輩則傾向於紅黑色裙褂。此外，長輩裙褂在選擇時也有一些傳統禁忌，女方家族的長輩屬於「下門」，而男方家族的長輩則屬於「上門」。如果男方的長輩沒有穿「密地」裙褂，女

棗紅色裙褂

黑色裙褂

方的長輩亦不能穿「密地」。這些傳統習俗反映了對輩份尊卑和家庭地位的重視。

二奶裙掛

這種裙掛現在已經不會出現了，因為從名字上就可以看出這名符其實，就是給三妻四妾的裙掛，即妾侍所穿的裙掛。這種裙掛的主要分別是使用粉紅色，因為正妻（大婆）是用紅色的裙掛。在古代還有一夫多妻制的時候，粉紅色是常用的顏色之一。然而，隨著現代法律規定的一夫一妻制，粉紅色裙掛基本上已經不再出現。但現今看到新娘穿的粉紅色裙掛，其實並不是正

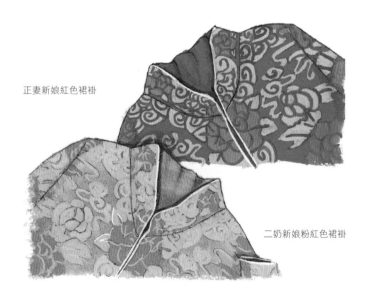

正妻新娘紅色裙掛

二奶新娘粉紅色裙掛

式的粉紅色，那是用了粉紅色
的絲線在紅布上進行刺繡，所
顯現的粉紅色，而不是正式的
粉紅裙褂。

金豬牌

　　一般是老爺、奶奶贈予新娘，
象徵「年生貴子、百子千孫、
兒孫滿堂」。

龍鳳鈪

　　中式婚嫁中，必備的金器手鈪（手鐲），一般是長輩贈予新娘，
而且一定要送一對，象徵「成雙成對、龍鳳呈祥、婚姻美滿」；
新娘出嫁時得到越多龍鳳鈪，代表收到越多祝福。所以在富豪
的婚宴上，大部分新娘的脖子都會掛滿龍鳳鈪，以顯示新娘風
光出嫁。

特別篇 2

中西揉合，港式婚嫁文化

對於大部分人來說，結婚是人生大事，從來都不能馬虎，要「拉埋天窗」。除了很多人牽涉在內，更有很多事要準備妥當。香港作為一個中西文化交匯地，我們除了中式的結婚儀式的外，還有西式的婚禮活動。然而，現代人逐漸追求儀式和習俗的簡化，寧願把錢花在度蜜月或婚拍上，導致傳統的中西婚嫁習俗開始漸漸被人遺忘。但一般情況下，香港人的結婚儀式上仍然會保留中式的習俗、西式的婚禮，以及中或西式的飲宴。現在，飲宴如果在下午進行，就會選擇在酒店舉行西式自助餐形式；如果是晚上進行，通常會在酒樓或酒店舉辦中式飲宴，大排筵席。

即將結婚的新人們，對於禮服的要求亦隨著年代的變遷而有所不同，舊時的人講求中式禮服即裙褂，但是大概從六〇年代起開始，人們開始著重西式的婚紗選擇；尤其對女生來說，婚紗

爆趣廣東話

你們兩個幾時「拉埋天窗」呀？

「拉埋天窗」是廣東話的俗語，指結婚。源於舊時廣州西關的中式磚瓦屋內，除了房門之外，還會有個用來通風的小小窗戶，也就是在瓦頂上開設，用來引入陽光的天窗。這道「天窗」一般都是以繩子來手動控制開關，屋內的人只要拉動繩子，天窗便會關閉，而這個動作就叫「拉埋」。

當時的人們結婚時，習慣把所有門窗都關閉好才度過新婚夜，因此久而久之，人們便把「拉埋天窗」作為「結婚」的代名詞。直到今時今日，當長輩們非常關心、催促子孫後輩時，都會搭一句：你哋到底幾時捨得「拉埋天窗」啊？意思就是「你們到底要到什麼時候才結婚啊？」

應該是「一生人一次」。時至今日，在香港的婚嫁儀式上，有些人為了簡化結婚流程，甚至會選擇捨棄中式婚禮儀式，只進行西式儀式，所以對裙褂的需求亦大大減少。因為身上穿的婚紗、拍婚紗照的婚紗、婚禮相穿的婚紗，以及婚宴上穿的婚紗，對於女生來說是一生人最重要的事情。

香港傳統中式婚嫁儀式

包括：三書六禮、過大禮、女家回禮、女家嫁妝、安床、上頭、迎親、出門、新娘過門、拜堂、三朝回門……

家傳戶曉〈上頭十梳歌〉

一梳梳到髮尾；二梳白髮齊眉；

三梳兒孫滿地；四梳永諧連理；

五梳和順翁娌；六梳福臨家地；

七梳吉逢禍避；八梳一本萬利；

九梳樂膳百味；十梳百無禁忌。

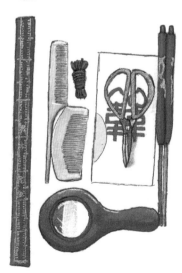

香港傳統西式婚嫁儀式

包括：訂婚派對、婚前不能相見、婚禮前辦單身派對、正式婚禮、新人宣誓、交換戒指、揭頭紗、切結婚蛋糕、香檳塔儀式、拋花球（繡球）……

另一個與中式類似的習俗是：中式有合巹交杯的儀式，象徵新人同心、百年好合；至於西式的習俗則設有香檳塔儀式（Champagne Pouring）。新郎新娘一起開香檳，並倒滿香檳塔，讓幸福滿溢。

民間伴娘的傳說

當伴娘超過三次會嫁不出去

據說，當伴娘是等於將自己的緣份花在新郎和新娘身上，所以每當一次伴娘，便是等於消耗一次好姻緣。另外，亦有說法認為，伴娘的角色是用來幫助新娘擋煞，趕走霉氣。因此不能當伴娘超過三次，以避免影響自身的運氣。

第一代港式唐樓，傳承百年老字號經典盒仔茶

源吉林

- 開業年份：1892 年
- 建築年份：1889 年
- 古物建築評級：一級歷史建築
- 地址：香港島上環蘇杭街 112 號

蘊含一個世紀的歷史，承載著六代人的心血，經營著聞名中外的經典盒仔茶。就算沒有喝過，大家總會見過那個以黑白色海棠花紋襯托的紅色底黑色字的盒裝茶。這個極能代表香港人集體回憶的藥茶品牌，在還沒流行看西醫、服用西藥的年代，人們稍感不適，就會到涼茶店喝碗苦茶解解毒，舒緩一下病情，或是買盒中成藥，在家裡沖泡服用。當中，最著名的中成藥代表莫過於源吉林的「盒仔茶」。

盒仔茶源於十九世紀初，當時創辦人源吉華父子於中國佛山經營著大名鼎鼎的「源廣和」顏料品牌。後來在清光緒戊戌年（1898 年），廣東佛山、南海一帶春夏瘟疫大流行期間，相傳族人參照其祖傳在南宋時期傳承下來的解毒藥方研製成藥茶，並在當地施醫濟世，成功緩解了當地瘟疫的症狀，從而得到群眾的敬重。

「盒仔茶」之名

此古老的藥方經過多位名醫反覆研製和改良，以二十八種中草藥熬成藥汁，經過九蒸九曬後，製成即沖即飲的藥茶。因藥茶用紙盒包裝，故被當地群眾俗稱為「盒仔茶」，並一直沿用至今。當時，源氏族人以盒仔茶濟世，因此得到南海獅山孔敬慎堂的父老贈送了一塊牌匾，上面寫著「甘露和風」四字，讚頌盒仔茶「立起沉痾，百發百中，救治多人」。從此，「盒仔茶」便正式定名為「甘和茶」。

百年建築下的百年濟世茶

位於上環至西環一帶，現存著為數不多的歷史建築，因為香港的開埠史就在這一帶開始，因此只要在街上漫步，不難發現一些蘊含著百年香港歷史的痕跡。

一路走到蘇坑街，不能不提那紅色雕木大門，配有懸臂式混凝土露台的唐樓。縱使經過修葺，卻掩蓋不了那充滿歲月風霜的韻味。室內佈局仍完好保留著百年木樓梯、水泥地磚、滿洲窗及磚作爐灶等建築特色，那裡就是百年品牌、百年建築的「源吉林」。這幢古舊建築建於約 1889 年間，屬於香港現存唯一保存良好且持續運作的第一代下店上居的三層高唐樓，並被古蹟辦評為「一級歷史建築」。

於 1906 年，源氏家族從佛山來到香港的乍畏街 120 ～ 122 號開設分店「廣源和號」，隨後購入乍畏街 112 號並在此進駐。直到 1980 年代政府正式將「乍畏街」易名為「蘇杭街」，因此源吉林的地址「乍畏街 112 號」，自此變為現在的「蘇杭街 112 號」，並一直在此經營至今，剛好一百年。

　　不過，源吉林近年傳出其建築物即將面臨「強拍」，源吉林廠房將遷移至西貢新廠房。因此，這幢百年建築的未來成為了未知數。這狀況也讓我們反思，香港人需要的或許不再是「只顧推倒再重建」，而是如何運用原有的歷史文化及建築，展現出香港人付出過心血所留下的「代表作」，並且得到相應的保育和保留。

百年建築，印證著的百年街道變遷

　　蘇杭街的英文街名是 Jervois Street，舊中文名字為乍畏街，是由其英文名字 Jervois 音的直譯過來，而「乍畏」Jervois 原是一位曾擔任香港英軍司令的英國將軍 William Jervois。但由於這條街的店舖販售的貨品大部分都是來自中國蘇州和杭州，所以華人一般都稱這條街為「蘇杭街」。直到 1980 年代，政府正式將 Jervois Street 的中文名字由「乍畏街」易名為「蘇杭街」，便一直沿用至今。

Jarvois Street
蘇杭街

半世紀舊式影樓留善影
前尖尖照相／善美影室

· 開業年份：1996 年（1940 年）
· 地址：九龍油麻地北海街 17 號 2 樓

老一輩有個習慣，就是每遇大事值得紀念、新年、生子等，都會一整個家庭或家族，扶老攜幼前往影樓拍照留念。筆者印象最深刻的是小時候，每到爺爺嫲嫲的家，一進客廳，整幅牆壁上方都掛著無數大大小小的影樓照。因為一家有九個子女的家庭背景，牆上除了掛著太祖們的大頭照外，還有爺爺嫲嫲年輕貌美時拍下的古舊結婚照，然後就是每一個子女結婚時拍下的全家福，或是孫兒滿月三代同堂的全家福……從泛黃的黑白照，到逐漸泛起

色彩的照片，處處都透露著，當年人們為了留下最美好的時刻，就會到影樓拍下最幸福時刻的習慣，方便家庭聚會一起想當年。

前身為 1940 年代開業的尖尖照相，第一代老闆在油麻地的北海街中樓上開始營業，直到 1996 年第二代老闆決定移民，原本打算結束影樓，但最終決定把影樓交給原本在店內打工的曬相師傅林先生，並以「盡善盡美」為宗旨，影樓正式易名為現在的「善美影室」一直營業至今。

經過現任老闆的耐心經營，在影樓內仍然能夠感受到當年的懷舊氣氛。這裡仍然使用著三十多年前的佈景和拍攝器材，所以即使時間飛逝，還是有一些老顧客，每過一段時間，就會偕同家眷前來，再次在這裡拍照留念，同時和老闆一起緬懷、遙想當年的幸福時光。古老相機拍下來的照片，經過人手沖曬出來的效果，與我們現在使用手機或者數碼（數位）相機的差異很大，那種獨有的氛圍和更有溫度及情感的展現方式，加上每一格菲林（Film，底片）只有一次拍攝的機會，永遠沒有回頭的操作，令當年的菲林照片變得更有價值、更值得收藏。

港島人的集體童年好味道
永香冰室

・開業年份：1959 年
・地址：九龍土瓜灣炮仗街 29 號地下

　　永香冰室是市區內稀少，擁有六十年以上歷史的舊式傳統冰室。只要看到冰室從外到內古舊的裝潢，那彩色的鐵窗花，在 1960 和 1970 年代盛行的紙皮石地磚和磁磚牆，看似搖搖欲墜的舊式三葉吊扇，舊式冰室愛用的木製卡位，以及那些陳舊得發黃的擺設和變黃的陳年市政局「食物館牌照」，這些都是它

獨有的懷舊風景。坐下來點個罕見的窩蛋多士（雞蛋吐司）、港式西多士（港式法國吐司），或者是最經典的蛋撻，再配一杯市面難尋的懷舊飲品「滾水蛋」，就能尋回當年的老港式滋味。

PLUS 1

香港非物質文化遺產代表之一
蛋撻

　　一個烘到金黃色、熱辣出爐的蛋撻（蛋塔），酥脆的撻皮配上嫩滑的蛋漿，那獨特的美味俘虜了無數人的味蕾，成為了香港最常見的餅食，甚至成為外國旅客手提打包回家的最強伴手禮之一。

　　「港式蛋撻」的由來可以追溯到十七世紀的英國，當時英國人已經會利用奶、糖、蛋等香料，製作出與蛋撻相似的卡士達撻（custard tart）。到了 1920 年代，廣東人引入外國的西餅加以改良，創作出更適合華人口味的「粵式蛋撻」。而當時首位推出蛋撻的，就是位於西關百貨公司內的「真光酒樓」，同時還取得空前的成功，蛋撻一推出便大賣。

　　到了 1940 至 50 年間，隨著眾多中國內地各行各業的商家選擇遷移到香港繼續營業，蛋撻的製作技術也一併傳入香港。後來，經過香港的製餅師傅結合中西式蛋撻的製作方式並加以改良，才研製出別具香港風味的「港式蛋撻」，並成為了當時高級西餐廳中的高檔下午茶美點。直到二戰後，茶餐廳前身「冰室」的出現，蛋撻才得以平民化，成為冰室必點的招牌美食。其後，蛋撻不斷在香港「普及化」，不再只是冰室的名物，更是各大小麵包店、餅店、茶餐廳，甚至是酒樓等的必備食品之一。

　　蛋撻在香港亦演變出多種類型和款式。基本上，最主要和最受歡迎的就是曲奇皮蛋撻和酥皮蛋撻。而且近年來，本地著名烘焙店亦研製出新款帶有港式蛋撻風味的「酸種蛋撻」（Sourdough Egg Tart），更成為了台灣旅客瘋搶、代購的港式美食之一。

PLUS 2

伙記！來一份「夏蕙姨」
港式西多士配滾水蛋

多士沾滿蛋漿煎炸至金黃，熱辣上碟，再放一小塊牛油在上面，讓多士的熱力自然溶化，接著再淋上晶瑩的糖漿，切成一口大小。那甜甜鹹鹹，帶有蛋香的味道，加上外酥內軟的口感⋯⋯這就是港式西多士的邪惡誘惑！也是傳統冰室和茶餐廳的代表名作。

港式西多士在茶餐廳又有另一個術語，就是「夏蕙姨」。因為西多士的正宗吃法是要在多士上淋上糖漿或糖膠，香港人便把這個動作簡稱為「淋膠」。約在 1950 年代，香港女演員黃夏蕙（港人稱她「夏蕙姨」）曾與粵語片一線小生「林蛟」交往，蔚為話題，因此「夏蕙姨」便成為西多士的代名詞。

　　早年，香港由歐美引進法蘭西多士（French Toast），並成為酒店和高級西餐廳的高檔茶點，加上食材多為進口，所以一般平民百姓根本吃不起這款食物。直到 1950 年代，有一大排檔仿照高級西餐廳的法蘭西多士做法，使用平民食材加以改良，並轉換製作方法，創作了平民版本的法蘭西多士。隨後，當時的冰室加入了花生醬等餡料，改成兩片白吐司製成，最終便成就了現在人人喜愛的「港式西多士」。從此，西多士成為冰室界的名物，後來更成為茶餐廳甚至快餐店內的下午茶菜單之一。港式西多士的金黃魅力在 2021 年獲美國 CNN 選定為「世界食物：最佳 50 大菜餚」中的第 38 位。

　　至於滾水蛋則是香港和澳門的懷舊飲品，也曾經是冰室和茶餐廳的經典飲品之一，又名「和尚跳海」。舊時的香港，由於物資和食材極度短缺，便衍生出在滾水中打入一顆生雞蛋，在喝之前先將蛋攪拌，再加入砂糖調味，就成為當時最常見的營養飲品。基本上，現在市面上已經找不到這經典飲品，要特意去一些非常老舊的冰室或茶餐廳才有機會品嚐。

港島人的集體童年好味道

丹麥餅店

· 開業年份：1971 年
· 地址：香港島銅鑼灣禮頓道 106 號禮信大廈地下

　　位於銅鑼灣這個非常熱鬧繁華的鬧市中，隱藏著一家充滿港島人童年回憶的麵包店。每天無論是上學、午飯、放學的時候，還是上班、午休、下班之際，店外都會排著長長的人龍，幾十年來日日如是。有穿著校服的中小學生，有拿著菜的師奶和外傭，甚至有穿著西裝的白領一族，他們都是這家麵包店的長年擁躉（擁護者），而且很多人更是從小就光顧，移民的人也會特意回來尋味，重新品嚐他們的招牌豬扒包或熱狗，好回味一下童年的時光。

　　就在禮頓道和加路連山道的交匯處便能找到這裡，店面外觀和菜單都顯得斑駁不堪。現在的老闆和員工都是年長者，一眼就能感受到麵包店必定歷經滄桑，但是裡頭卻隱藏著香港人最愛的味道和回憶。已泛黃的餅櫃，擺放著最地道港式的手工麵包，包括香港人發明的菠蘿包、雞尾包、椰絲包……，然後陣陣香氣撲鼻而來，原來老闆正在烤著香港人最愛的廚師牌雞肉腸。看著那帶有油光的香腸烤至金黃色微焦、「脹卜卜」的，旁邊還有現炸的雞髀（雞腿）和豬扒，難怪一看到就會口水直流。

這就是最香港的味道

　　學生們最愛的就是他們的豬扒包，以自家製的麵包夾著現炸豬扒，配上自製沙律醬（沙拉醬）和蕃茄醬，一口下來那新鮮熱辣、外脆內嫩的口感，充斥著滿滿那些年的香港味道。另一個必吃的就是熱狗，懂吃的人當然要熱狗加腸，就是雙腸齊來。

老闆會先把手工麵包切開烤至香脆，然後塗上牛油和特製沙律醬，再夾著兩條烤得剛剛好的熱辣香腸。看似非常簡單，但在家裡自己怎樣做，也做不出同樣的味道。因為使用旋轉烤爐烤製香腸的關係，令香腸變得超級香口好吃。一口咬下去的時候要非常小心，因為香腸的肉汁和牛油會不斷流出來，加上麵包烤得香脆，配合香腸的鹹香，瞬間俘虜了味蕾。一個麵包不夠吃要吃兩個，香腸只有一條絕對不足夠，記得一定要再加一條香腸變雙腸，因為老闆使用的是香港人最愛的廚師牌香腸，所以一直以來都非常適合港人的口味。想要感受最港式的懷舊熱狗，一定要來丹麥餅店。

招牌三寶：雞髀（上）、豬扒包（左下）、熱狗（右下）

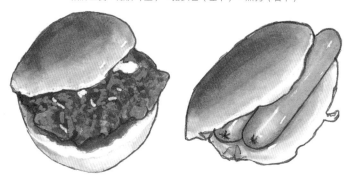

PLUS 2

懷舊港式麵包四大發明

沒有菠蘿的菠蘿包

菠蘿包

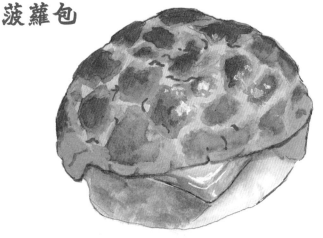

遊客最想問的問題是「到底菠蘿包有沒有菠蘿？」所有香港人都會回答「菠蘿包跟菠蘿完全沒有關係，純粹因為其凹凸不平的表面，看起來就像菠蘿表面的釘一樣，所以才稱為菠蘿包。」但其實在整個製作過程中，完全沒有菠蘿（鳳梨）存在。

香港菠蘿包的誕生可以追溯到二戰後，人們因為覺得西式的麵包味道一般，所以就突發奇想在麵包的表面加上牛油、砂糖、雞蛋、豬油、麵粉後進行烤焗，最後製作出表面凹凸不平，帶有香脆口感的麵包，從此由一個簡單的英式麵包演變成富有香

港特色的「菠蘿包」；加上外型太像菠蘿，所以取名為「菠蘿包」。

經過長年累月不同的麵包師傅加以改進，香港人更發明了紅遍全球，茶餐廳必備的簡單菠蘿包名菜！就是把剛出爐的菠蘿包切半，中間夾一片冰凍的牛油，再一口咬下，那鹹鹹甜甜、香脆又軟滑的口感，由此誕生了一個更獨特的味道，只有香港才吃得到。雖然台灣和日本也出現類似的麵包，但是製作的材料和方法卻稍有不同。

沒有豬肉的豬仔包
豬仔包

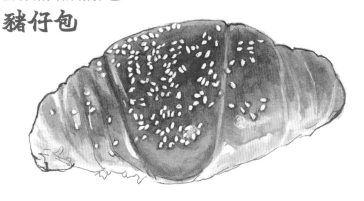

作為港式的法包（法國麵包，台灣的歐式麵包或餐包），但比真正的法包短且小，沒有餡料，外脆內軟的口感，因為外形呈橢圓形，貌似「豬仔」（小豬）而得名。這是香港麵包店和茶餐廳內最常見的麵包種類。

正宗的豬仔包主要分為兩種口感，按麵包外層的硬度和酥脆度分為「硬豬仔包」和「軟豬仔包」，而且還有兩種口味，「甜豬仔包」和「鹹豬仔包」。一般來說，會搭配不同食材製成各種港式麵包，而當中最熱門的就是豬扒包、熱狗，以及茶餐廳經常能吃到的奶油豬仔包（即烤烘豬仔包後塗上牛油和煉奶）。

沒有雞尾的雞尾包
雞尾包

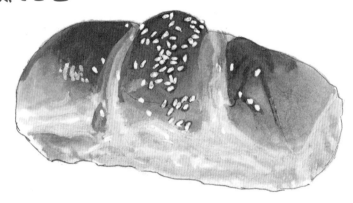

據說雞尾包的出現約於 1950 年代，當時的麵包師傅為了不浪費每日賣剩的麵包，便把當日剩下的所有麵包混合在一起，再加入椰絲和砂糖重新烤焗，成為了現在的雞尾包餡料。因為其製作原理，和調酒師混合不同酒調製出特色雞尾酒（cocktail）差不多，故此便把這款麵包命名為「雞尾包」，但雞尾包內絕對沒有包含任何雞肉成分。

有椰絲的椰絲奶油包
椰絲奶油包

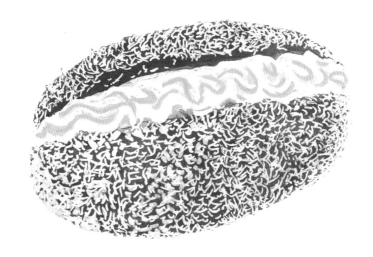

　　時常被稱作港式麵包的四大發明之一，這款麵包的中央夾著香甜、軟滑的擠花奶油餡，而麵包的表面則沾滿了白色的椰絲。一口咬下去，就算多有儀態，也總會吃到鼻頭沾上一點椰絲。這款麵包在舊時是非常多人喜愛的味道，但因現代人追求健康飲食，所以這款屬於高熱量的麵包逐漸被淡忘，成為舊式麵包之一。

老派的經典龍鳳禮堂
樂口福酒家

· 開業年份：1954 年
· 地址：九龍九龍城侯王道 1 號及 3 號

　　座落於九龍城的一座三級歷史建築內，是戰前的唐樓，這家酒樓已屹立超過七十年。過去，這附近曾有無數間工廠，隨著香港經濟起飛，人們的生活變得富裕，成就了「魚翅撈飯」的時代。經歷時局變遷，人們的飲食習慣亦發生了重大變化，但樂口福始終專注於傳統潮州菜餚上，並保留著店內五〇年代的裝修氛圍，因此有不少老顧客經常光顧。此外，也曾是無數港劇和電影的取景地。

　　樂口福的前身是一家上海菜館，後來酒樓易手，但保留了原名字，並轉營為潮州酒家，經營至今。整棟唐樓都是酒樓所有，啟德機場仍在附近運營的時期，這一帶非常熱鬧，生意一直蒸蒸日上，豪客經常光臨。

　　不過，隨著機場搬遷已超過二十年，加上經歷了工業衰退的時期，人們不願意在飲食上花費過多，所以目前店外排隊的人龍不再，只剩下老顧客和一些想要體驗老香港風味的食客。

想當年……既華麗又金碧輝煌的龍鳳大禮堂

回顧八〇年代，小時候參加過無數大大小小婚禮的筆者的記憶……在香港的傳統結婚習俗中，完成中式婚禮儀式後，新人通常會在教堂進行西式的結婚儀式。忙碌了一整天，晚上便是婚禮最後且最重要的環節：傳統擺酒；也就是在酒樓置辦酒席請客，邀請親朋好友、鄰居，甚至遠房親戚等聚首一堂，分享新婚的喜悅，接受大家的祝福。

在六〇至八〇年代，婚宴上最重要的裝潢部分，亦是新人選擇婚宴場地時最關鍵的一環，就是酒樓中的「龍鳳禮堂」。這是婚宴中最為重要的場景，禮堂內左右兩側必須設有精緻的木雕，貼滿金箔的金龍和金鳳，以及中央的金色雙喜（囍）字樣，以顯示出禮堂的氣派，並取其「龍鳳呈祥」的好意頭。

時至今日，傳統的龍鳳禮堂已經寥寥可數。對現代人來說，這種風格顯得過於老氣，而對酒樓而言，龍鳳禮堂的成本高且保養困難，加上現代人更喜歡在酒店舉辦婚宴，因此在香港已經很少酒樓能再見到這種傳統的裝潢、擺設。

上世紀70年代承傳下來的「下欄嘢」美味
英記油渣麵

· 開業年份：1974 年
· 地址：九龍大角咀菩提街 4 號

　　香港有很多美食名店都是由街頭小販檔開始的，例如旺角賣生腸著名的肥媽小食店、南山邨以賣雞蛋仔聞名的南山雞蛋仔等，這些店鋪都是經過千辛萬苦努力經營而來。至於人煙稀少，位於大角咀區的代表之一，就是專門做深夜食堂的「英記油渣麵」。

　　英記最初是在大角咀的小販檔，店主英姐在 1974 年開始獨自推著「走鬼檔車仔」（無牌的小販檔）到工廠林立的必發道擺檔，販賣粉仔。當時這裡人流旺盛，一天經營四至五小時的生意，就能賣出十桶粉仔，生活十分暢旺。

　　隨著政府大力打擊無牌小販檔，走鬼檔的生存變得非常困難。最終在九〇年代，英姐為了繼續經營，決定正式開舖做生意，免去「走鬼」的生活。然而，開店後卻要面對固定的工作時間，失去了自由度。經營實體店的支出除了每月固定的租金，還有店員的薪水，不開門營業的話便無法維持收入。

　　到了九〇年代末期，香港的工業逐漸衰退，大角咀的日間人流減少，街道變得冷清。英記因此改變營業時間，開始通宵開舖，重新吸引宵夜客流。經過二十多年的努力，大角咀逐漸變

成宵夜勝地，許多美食店在凌晨開門營業，其中英記油渣麵就是這裡第一家通宵營業的餐廳。

　　來到英記，不僅要品嚐招牌油渣麵，還必須搭配雞翼、腸仔

及油菜，因為店內主要售賣這幾款食物。正是這單純的美味和濃厚的人情味，讓這家小店成為半百歲的老字號，許多老顧客也會特意前來回味那份舊日的街頭獨特風味。

下欄油渣麵的興起

油渣麵在香港一直被稱為「下欄嘢」，這是因為它是以一般人不會食用的肥豬肉，取其脂肪部分油炸成殘渣，再配上粗麵底，加入菜脯、冬菇等。愛吃辣的人還可以再加一匙祕製辣椒油，油渣麵的風味會瞬間提升到另一層次。香辣的味道不僅能解膩，還能更好地體會油渣的肉香，成為平民深夜饑餓時的絕佳宵夜美食。

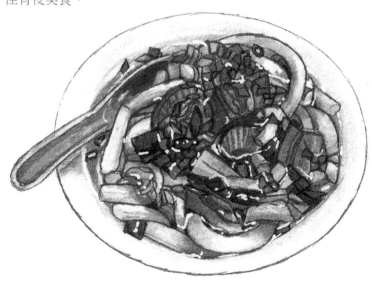

油渣麵的興起源於上世紀六、七〇年代，當時人們生活貧乏，油渣麵不僅能填飽肚子，還有肉吃，便成為小販檔中非常受歡迎的麵食。隨著香港經濟逐漸富裕，加上人們對健康飲食的追求，現代的年輕人大多不清楚這道「下欄」美食的存在。

爆趣廣東話

「下欄嘢」扮「上菜」？

「下欄嘢*」一詞據說源自果欄。每當拆開水果箱或籃子時，如果發現腐爛的水果便會丟掉，這個從果欄中拿出並丟掉的動作，稱為「下欄」。

由於果欄內每天會有大量被「下欄」的水果，因此貧民和長者經常會拾取這些被丟棄的水果，然後以低價轉售，賺取微薄的收入。

漸漸地，這個詞也被引進飲食業，指的是廚房裡的廚師在備菜時，將不太精美或質量不佳的肉類、蔬菜切除的部分。因為這些食材不能上桌供應給客人，情況與果欄相似，所以這些不能售出的食材便被稱為「下欄嘢」。

至於「下欄嘢」扮「上菜」這句話，則比喻低素質的人或事物裝扮成優質、高檔的樣子，簡稱為「扮上菜」。

＊嘢，發音同「野」，在廣東話裡指東西、事情。

Island House

吐露港中的神秘花園

前政務司官邸／
大埔元洲仔自然環境保護研究中心

建築年份：1907 年
古物建築評級：法定古蹟
地址：新界大埔大埔公路元洲仔段

位於大埔吐露港的元洲仔，曾經只是一個不起眼的小島，依靠一條基堤，與內陸相連。這裡原本設有一個碼頭，為船隻提供便利的進出。隨著時代的變遷，這片小島的命運發生了巨大變化。1898 年，港英政府與清政府簽訂《展拓香港界址專條》，此後港英政府決定在島上建設新界理民官的官邸，而這座建築就成為了治理大埔及新界東北部的重要據點。

到了 1949 年，這座官邸改為新界政務司官邸，歷任十五位政務司也曾在此居住。隨著 1970 年代大埔新市鎮的迅速發展，吐露港也開始了大規模的填海工程，將元洲仔與內陸緊密連結起來。直到 1980 年代，這座官邸仍然為最後一任新界政務司鍾逸傑爵士使用；他的離任標誌著這段歷史的結束。

這座官邸的建築風格獨具特色，屬於典型的英國殖民建築。樓高兩層的大宅以紅磚和紅色石灰建成，外觀古樸而典雅，十分吸引人。官邸的設計注重對稱性，搭配優雅的遊廊，讓人有種時光倒流的感覺。屋頂上矗立著一座燈塔，這不僅是建築的一部分，更是曾經為夜間航行的船隻提供指引的導航燈塔，象徵著這片海域的安全。

更有趣的是，官邸外還設有一個直升機停機坪，這在當年是為了高官出行提供的便利設置，現在則成為了許多電影的取景地，吸引了無數影迷和攝影師前來捕捉這座古老且迷人的建築。走出官邸，映入眼簾的是一片迷人的英式庭園。這裡擁有超過百種花卉和植物，許多都是珍貴的品種，讓人彷彿置身花之海洋中。這片庭園不僅是遊客拍照的熱點，更是生態教育的重要場所，讓人們在享受美景的同時，也能夠感受到大自然的奇妙與珍貴。

獅子山下 的圍城

因為一部大熱電影，讓大家再次聚焦在這個看似「冇皇管」（無人監管）的地帶。這個地方於 1994 年正式清拆，是傳聞中龍蛇混雜之處，各個政府都不太會過問。貌似無法無天的寨城，傳聞城內更是三合會（黑社會）的集中地，整日不見天日，家庭式工廠、非法工場、毒品工場、道友和妓女，滿滿皆是，而且衛生環境非常惡劣，可謂烏煙瘴氣，老鼠橫行，形成了「無事不要踏入寨城」的傳言。

九龍寨城的傳奇

1945 年，香港重光，日本無條件投降後，無數的露宿者開始在九龍寨城聚居，這裡更慢慢成為了罪惡的溫床。當時，九龍寨城還是屬於中國政府的主權管轄範圍，但是到了 1948 年，中方因內戰退守大陸，但卻沒有再對九龍寨城地區的主權表態，進而成了香港皇家警察，以至於是港英政府都無權進入的局面，加上中方又管不到，從此治安變得更加惡劣，使九龍寨城成為孕育罪惡的溫床，更是貧民區，形成了我們常說的「三不管」問題區域。而這個「三不管」地帶，意即港英殖民政府、中國政府、英國政府都不會過分介入和管理的地方。

到了 1950 年代新中國成立，大量難民從內地逃難至香港，並在九龍寨城聚居起來，加上三合會如 14K 和新義安等，紛紛在寨城內開設了無數妓院、賭檔和鴉片菸館等非法場所，從此九龍寨城漸漸成為了「黃賭毒」天堂。當時這裡附近有很多吸毒者，妓女在街上招攬客人，脫衣舞盛行，而且還有不少香肉檔 * 經營著。同時，九龍寨城也因為香港的工業發展而成為了山寨廠的集中地。在 1970 年代之前，香港基本上是一個社會治安敗壞的

---

* 香肉檔：1950 年代起，香港已立法禁止食用貓肉狗肉，因此經營、販售或是食用貓狗肉都是犯法的行為，而賣貓狗肉的店舖稱為「香肉檔」，香肉就是貓肉狗肉的意思。

地方，以至當時的政府曾在 1973 年中推行過「撲滅暴力罪行」運動，目的就是要改善嚴重的治安問題，以保障市民和社區的安全。

基本上，人們在電影中看過的黑社會情節，例如街上劈友打架、吸毒、非法賭檔、外圍、偷渡客藏身、打劫、妓女街上攬客等，在當時都很常見。加上警隊貪污風氣嚴重，收錢辦事或不辦事已成常態，這些都是每天不斷上演的劇碼，在寨城內更是普遍的日常，堪稱「罪惡之城」。這也導致寨城成了聞風喪膽、敬而遠之的社區，民眾非必要是不會前往的地方。直至現在，它仍然充滿著神祕的傳說。

寨城就是巨型的迷城

根據一位曾經住在寨城內的長輩透露，寨城的結構非常錯綜複雜，就像一個巨型的迷宮一樣，無牌牙醫處處，如果不是住在這裡的居民，一般路人踏進去的話，很難找回正確的出口。裡頭的結構錯綜複雜，光在寨城內就有二三十條巷弄，而且大部分長期不見天日，由很多陰森又潮濕的窄巷構成，而且內部不論是閣樓還是天台，僭建（違建）都非常嚴重，導致樓層錯落，加上每條巷都佈滿了大大小小接駁、混亂的水喉和電線，進去之後很容易迷路。基本上，整個環境就是由許多不同建築物和僭

建物相互連結，形成一個巨型的不規則寨城。不過，只要是在寨城附近生活過的人都知道，這裡雖然亂，但一般人路過寨城，在巷弄穿梭，縱使碰到道友（吸毒者），也不會有危險，因為寨城看似亂，但生活在裡面的街坊並不差。

寨城的一片天

夜晚的九龍寨城天空，飛機的轟隆聲逐漸減弱，取而代之的是一片寧靜。隨著夜色降臨，天台變成了一個神祕的聚集地。這

裡不僅是居民們聊天和乘涼的場所，也成了某些人的祕密天地。當月光映照在雜亂的天線上，幾個道友悄悄聚集在角落，吸食著大麻放鬆。在這片隱蔽的空間裡，笑聲和交談聲混合著淡淡的煙霧，為這些夜行者提供了一種逃避現實的方式。

這片天台，雖然雜亂不堪，卻蘊含著多樣化的人性，反映出九龍寨城這個社區的複雜與深刻。在白天的喧鬧和夜晚的私密中，寨城的居民們勇敢地面對自己的生活，創造出屬於他們的故事。

寨城「牙醫街」

1970 年代，是九龍寨城「牙醫街」的全盛期，位於寨城北部的東頭村道上，牙醫的數量高達 150 間。這條街道上，招牌林立，除了牙醫外，還有西醫和皮膚科醫生的診所，然而牙醫的數量尤為突出。由於當時香港的公共醫療體系尚未完善，許多民眾無法獲得足夠的醫療服務，使得無牌經營的牙醫如雨後春筍般湧現，進而形成了「牙醫街」的名稱。

這些牙醫大多來自中國內地和東南亞地區，因為未能考取本地的執業牌照，只能在這個「三不管」的環境中開設診所。寨城內的法律監管相對薄弱，無需繳納稅金，也不需要商業登記

或註冊，這為他們提供了便利。這些無牌牙醫透過將醫師證書、發票和推薦信裝裱起來，展示在診所內的方式，期待博取顧客的信任。

在這片充滿神祕感的寨城中，牙醫們用低廉的收費為居民提供服務，成為當地人生活的一部分。對於許多居民來說，這些醫生是他們唯一的醫療服務和選擇，牙醫街因此成了九龍寨城一個獨特的現象，見證了那個年代人們對醫療資源的渴望與追求。

自給自足的寨城

在這個狹小的空間裡，數萬人的生活交織在一起，九龍寨城如同一座自給自足的小城鎮。這裡不僅不受法律管束，還充滿了生存的智慧與堅韌。居民們挖掘井水，沿襲著古老村落的做法，在寨城各處鑿出了 77 口水井。他們利用電動水泵將水抽到天台的大水箱，再通過蜿蜒的水管，將水源送到每個願意付費的家庭。

然而，這些水往往不乾淨，因為寨城內的工廠將骯髒的廢水排放進來，所以居民們只能將這些水用於洗澡和洗衣，真正的飲用水卻得從城內外的公用水龍頭接取，並一桶桶地挑上樓。這樣的生活，讓人不禁感到一絲心酸，卻也展現了人們為了生存而不屈不撓的精神。

位於寨城北部東頭村道的牙醫街；滿天的醫生招牌高高掛，讓人覺得「總有一家能治好你的牙疼」。

電力供應方面，居民們採取了更為激進的方式。他們從總電網偷電，自行搭建電線竊電，這樣的做法固然危險，卻是他們生活的必需。直到 1950 年代，一場突如其來的大火災吞噬了 2 千 5 百間寮屋，約 1 萬 7 千人受到影響，這才讓當局注意到了寨城的困境。火災的陰影讓人心痛，卻也喚醒了人們的警覺。電力公司最終在寨城內安裝了電表，為這片土地帶來了一絲光明。

這段歷史不僅是寨城居民為生存而掙扎的寫照，更是他們在艱難環境中，依然能夠找尋到希望的故事。每一個微小的努力，都在這片混亂中綻放出人性的光輝。

山寨工廠之城

　　在九龍寨城的狹小空間裡，密集的山寨廠如同繁忙的蜂巢，隨處可見的是勞動的身影和忙碌的機械聲。這裡的地舖多數是五金廠，裡面擺滿了各式各樣的工具和設備，成為居民日常生活不可或缺的一部分。除了五金廠，寨城內還有數百間輕工業工廠，從燒臘、魚蛋到玩具和塑膠製品，生產的種類繁多，充滿了生活的氣息。

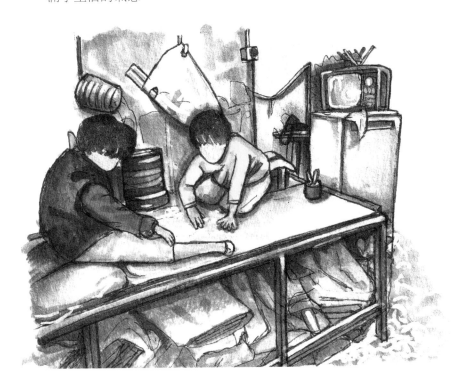

尤其是魚蛋廠，這裡的每一顆魚蛋都承載著工人的心血，成了人們日常生活的美味選擇，而且不僅供應著寨城內的需求，還遠銷全港，並曾是香港最大的魚蛋工廠。

在這裡工作的工人大多是寨城的居民，男女老少都在各自的崗位上忙碌著，形成了一種溫馨的社區氛圍。家庭式的工廠讓小孩也能參與其中，雖然年幼，卻在潛移默化中學會了責任和勞動的價值。

這些工廠不僅為香港的工業發展貢獻了力量，更為許多貧苦家庭提供了生計的機會。每一個忙碌的身影、每一台運轉的機器，都是這片土地上人們拚搏的象徵，形成了九龍寨城獨特的生活日常，展示著人性中的堅韌與希望。在這片看似混亂的土地上，工廠的存在讓人們找到了生存意義，並將社區的力量凝聚在一起，展現出不屈不撓的精神。

小小寨城藏著幾萬人的故事

　　九龍寨城初建時，僅有 250 名居民，然而到了 1960 至 1970 年代，這片土地發生了命運般翻天覆地的變化，使人口迅速增長。1987 年，港英政府在第一輪調遷中進行了人口和面積的統

計，結果令人震驚：寨城的總面積僅有 2.9 萬平方公尺，約等於四個足球場，但卻擁有 3 萬 3 千名居民，人口密度高達每平方公里 125 萬 5 千人，這一數字在全球範圍內可謂罕見。

在這狹小的空間裡，350 棟樓房擠擁而立，許多建築甚至沒有打樁，僅有三面牆壁，宛如危樓般岌岌可危。在九龍寨城的全盛時期，居住人口一度達到 5 萬人，這些人在寨城裡一起面對生活中的無限挑戰，打拚人生。

經過時間歲月的洗禮，這片土地的擁擠與不安，讓人心驚。直到 1994 年，九龍寨城正式清拆，當時的人口總數仍高達 4 萬人，由此見證著居民在艱難環境中求生存的堅韌與勇氣。

消失的寨城傳奇

早在 1960 年代，港英政府就已開始考慮拆卸九龍寨城，但這消息一經傳出，立即引起了居民的強烈反抗。他們擔心拆遷將使無數依賴此處生計的人，流離失所；無論是正當還是不正當的生意，皆在這片土地上運行著。為了捍衛自己的家園，居民們成立了「反對遷拆委員會」，甚至派代表前往北京和臺北，尋求中方政府的支持。

然而，中華民國政府對此事件並不感興趣，但中共外交部長則表示了關注。隨著港英政府計劃繼續推進清拆行動並發出限

期遷出通知書，新華社香港分社指出，這一計劃是「嚴重侵犯中國主權的行為」，使事件迅速升級，成為國際新聞的焦點，最終迫使港英政府無奈地放棄了清拆計劃。

到了 1987 年，隨著香港回歸的臨近，港英政府與中共政府達成協議，承諾在回歸前將九龍寨城分兩期進行調遷，並正式計劃清拆；部分居民獲得優惠賠償，另一些人則選擇購買房屋，但大多數人最終選擇遷入觀塘區的彩霞邨。在這次調遷行動中，大多數居民接受了暫時性的安排，僅有兩百多人持續反對並進行抗議。

最終，九龍寨城於 1994 年正式清拆，其後遺址被改建為九龍寨城公園，於 1995 年 8 月啟用。在清拆之前，無數海內外人士湧入寨城進行城市研究，無論是建築、居民生活，還是這座城的一切，都成為了探索的對象。可見，這個黑暗且神祕的寨城，其吸引力不僅在於它的歷史，更在於它所承載的人性與故事。

背負著九龍城的過去，百年歷史石橋的再現
龍津石橋

・建築年份：1873 ～ 1875 年

　　一條長埋於泥土中的百年石橋，於 2008 年因啟德發展計劃工程而再次暴露出來。這看似普通的石橋，其實隱藏著非常重要的九龍城歷史。

　　龍津石橋於 1875 年便落成，當時這一帶仍然是清政府的主權範圍。龍津碼頭和龍津石橋興建於九龍寨城外，是當時的龍津碼頭重要地標之一。而且兩者興建的原因，主要是當時外商船隻日漸增多，以及大量漁民在此處捕魚，更重要的是方便進入寨城的賭客往返港島，因此建成了這條石橋。另外，這裡附近因為是九龍關，是一個由港英主權管轄地通往清政府主權管轄地的重要關卡，所以鴉片商人經常會藉此關卡走私鴉片進入中國境內。

　　到了 1898 年，中英簽訂了《展拓香港界址專條》後，從此界限街以北、深圳河以南的地域都租借予英國。而在專條談判的過程中，清政府爭取了保留對九龍寨城的主權，包括龍津碼頭，

以便清政府官使可以繼續往來停泊船隻。因為龍津石橋是當時中方官員透過水路方式，通往九龍城的唯一重通道，所以對清政府而言，能保留龍津石橋及碼頭，等於保留了一個讓軍船停泊的重要據點。同時，亦保留中方對九龍寨城這個軍事要塞的管轄主權。

最後在 1899 年，港英政府把九龍寨城歸入為港英政府的管治範圍內，並把中方官員驅逐出寨城外，從此中方無法管理九龍寨城，同時亦喪失了九龍關的關稅權和寨城的管轄權。到了 1910 至 1930 年代，由於啟德濱填海工程，以及日佔時期機場擴建，龍津石橋遭淹沒、埋藏於地底下。

原本的石橋位於九龍城的岸邊，鄰近還建有接待高官達人們的接官亭「龍津亭」和前九龍城碼頭，不僅見證著當時石橋前的九龍街及周邊的經濟活動發展，更是清政府握有九龍關和寨城管轄權的象徵。

龍津石橋直到 2008 年才被發掘出土，並在 2021 年開始展開重要的保育工程，還計畫將原址打造成保育長廊，預計於 2025 年重新開放供民眾參觀。

特別收錄 2

清拆再現的百年寨城石額
九龍寨城公園

· 建築年份：1873～1875 年
· 地址：九龍九龍城東正道

　　九龍寨城的起源可追溯到 1842 年（道光二十二年），當時的清政府於鴉片戰爭戰敗，必需割讓香港島給大英帝國。之後為了加強防禦，清府便命九龍巡檢司駐守九龍寨，並築起寨城和增建城牆，並在道光二十七年（即 1847 年）落成，同時命名為「九龍寨城」。從此，這裡便成為了新安縣九龍具戰略價值的軍事駐地，亦是九龍半島上唯一的城鎮，故又被稱為「九龍城」，當時的寨城是清朝官員的辦公地方，有衙門、士兵營房、火藥倉、軍械庫及一些民居。

　　1989 年，中英簽訂《展拓香港界址專條》租借新界，清政府唯獨保留了九龍寨城主權。後來，港英政府把寨城內的清政府官吏驅趕出了寨城，自此清政府無力再恢復統治。然而，港英政府又無權插手干預寨城裏的事情，使九龍城成為特殊的三不管地帶。最後，就演變成我們認知的九龍寨城歷史。

　　1994 年九龍寨城拆卸時，在寨城原址竟發現道光時期的寨城

南門（此乃當時的寨城正門），並發掘出「九龍寨城」和「南門」兩塊花崗岩石額。據說，這是二戰時居民把它們埋藏於泥土下，以防受損。除了石額外，同時也發掘到遺留下來的城牆牆基，以及部分沿內牆建造的排水管和石板街等。後來，港英政府便把整個南門遺址列為法定古蹟，並原址保留在九龍寨城公園內，同時開放給予民眾參觀。

到底是九龍城寨，還是九龍寨城 ?!

其實在宋朝時期，此處名為「九龍村」，到了嘉慶年間，此一帶又被稱為「九龍寨」，但當時這裡只是一個「寨」，還沒正式成為一個「城」。直到 1842 年，香港島割讓給大英帝國，清政府為了防禦，才開始在九龍寨建起圍牆、炮台和寨城，並設置衙署兵房做軍事演練。1847 年，九龍寨的圍牆正式落成，從此這裡便正式命名為「九龍寨城」。

自從 1898 年《展拓香港界址專條》簽訂後，寨城便淪為三不管地帶。隨著時間流逝，久而久之，原本「九龍寨城」的名字逐漸被民間遺忘，大家都稱呼寨城連同附近一帶整區為「九龍城」。或許是因為這是一個位於「九龍城」內的特殊「寨城」，因此民間便開始稱這裡為「九龍城寨」並廣為流傳。直到九龍寨城遭到清拆，重新找回「九龍寨城」的石額之後，政府才正式更正名字為「九龍寨城」。雖然「九龍寨城」為官方定名的正式名字，但是「九龍城寨」這個名字卻是更加深入人心。

新界首座民政大樓

舊北區理民府 / 香港童軍總會 新界東地域羅定邦童軍中心

Old District Office North

· 建築年份：1907 年
· 古物建築評級：法定古蹟
· 地址：新界大埔運頭角里 15 號

在舊大埔警署的附近，於 1898 年港英政府和清政府簽訂《展拓香港界址專條》後，港英政府在新界興建的首座民政大樓，用來作為管治大埔和新界東北部地區的大本營，是位於大埔旗杆山（現稱「圓崗山」）上的建築。建築採用了二十世紀初非常典型的殖民地建築風格，建築物以紅磚建成，還有磚柱遊廊，室內更有古典壁爐，是最典型的愛德華飾建築風格。二戰後，館內曾放有一門小炮台，現今就僅剩炮台架而已。

第四章

倒數中的草根回憶

在香港這片繁華的土地上，無數的屋邨和村屋見證了幾代人的生活與奮鬥，它們不僅是家園，更是人們心靈的寄託。然而，隨著城市的發展與重建，這些歷史悠久、充滿回憶的地方卻面臨著被拆卸的命運。

對所有村民來說，重建的消息無疑是一種巨大的打擊。年邁的長者們在生命的尾聲不得不面對再度搬遷的現實，而其他居民也同樣感受到心中的不捨與無奈。這些地方不僅是他們的家園，更是他們心中深厚的情感寄託。每天清晨，老人們在樓下的花園中打太極，孩子們在遊樂場嬉戲，鄰里之間的情誼如同陽光，照亮了彼此的生活。

每當節日來臨，居民們會自發組織聚餐，分享拿手好菜，讓平凡的日子變得熱鬧且充實。這些熟悉的面孔和溫暖的關係，讓他們的生活充滿色彩。

重建雖然在所難免，但相應的調遷安排和資助對於這些草根階層來說，卻是至關重要的。在城市不斷變遷的過程中，如何保護這些珍貴的回憶，讓居民找到安心的歸宿，是我們每一個人應該關心的課題。

港英時期的公共建築，經常會使用不同形狀的通花磚搭建牆壁，除了美觀外亦有通風的功能，在陽光照耀下就會呈現獨特的韻味，更是昔日公共屋邨的特色之一。當然，這個美好風景，當颱風季節來臨，便成為一個瘋狂撇雨入水的位置。

Wah Fu Est.

紳士樓的倒數

大坑西新邨

Tai Hang Sai Estate

· 落成年份：1965 年
· 地址：九龍石硤尾大坑西街 1 － 9 號
　　　窩仔街 2 － 4 號大坑東道 99 號

在過去的回憶中，1998 年前，位於九龍區的啟德機場仍然營運中，那時部分飛機航道經常從大坑西邨的上空飛過。飛機低空飛過時，轟鳴的聲音如雷霆般震撼，讓人不禁心頭一震；雖然帶來了噪音污染，卻也為居民提供了近距離觀看飛機升降的獨特機會，成為他們生活中不可磨滅的印記。這片土地不僅是住家的地方，更是一段段深厚情感的寄託，承載著數代居民的夢想與回憶。

由寮屋區到紳士樓

1952 年，九龍仔木屋區發生了一場毀滅性的火災，燒毀了名為「光民村」的寮屋區。這場突如其來的災難讓許多家庭失去了棲身之所，迫使他們在無助中尋找新的居住地。港英政府迅速展開行動，在現今的大坑西新邨位置興建光民村平房區，為

受災居民提供臨時住所。對於那些失去家園的人來説,這裡成為了他們重新開始的希望。

1961 年,光民村的第三至五區被拆除,香港平民屋宇有限公司獲得土地,開始興建大坑西新邨,旨在安置當年受到清拆影響的租戶。1965 年,大坑西新邨正式落成,設有八座樓宇,由周啟謙建築師樓設計。這些樓宇的名字,如民興樓、民強樓,寄托著居民對未來的美好期盼,而因為香港平民屋宇有限公司中有六名董事都有「太平紳士」的名銜,因此市民又俗稱此邨為「紳士樓」。

「不要以財富、權勢和學歷 去判定和輕視別人」

隨著城市發展的加速,大坑西新邨在 2018 年面臨了拆遷的威脅。對於那些在這裡生活了數十年的居民來説,無疑是一個巨大的打擊。想到可能失去這片熟悉的土地,心中總是充滿不捨。

大坑西邨是香港最後的私人廉租屋邨,雖然居民大部分是低收入人士居住,但因為不是公屋,因此房委會不願提供安置政策。面對拆遷的威脅,居民們心中充滿了不安與無奈。失去的不僅是房屋,更是他們心中那份深厚的情感與記憶。每一面牆壁、每一個角落,都蘊藏著家庭的故事和生活的痕跡。為了捍衛這

份珍貴的情感，居民們開始組成抗爭組織，積極向政府發聲，
要求保護他們的家園。

　　他們的抗爭不僅是為了保住棲身之所，更是為了守護故土。
經過多次會議與抗議，居民的努力在 2022 年迎來轉機，法官最
終撤銷平民屋宇有限公司的訴訟，並稱：「若有任何訴訟方企
圖以財力和資源之優勢，以程序之便快速地針對居民取得判決，
以草草了事，法庭有責任加以制止。」

　　隨著重建計劃的逼近，居民們對未來充滿疑慮，但同時也面
臨不確定性。許多居民在這裡生活多年，對可能的搬遷和改變
感到不捨。每一個角落都蘊藏著深厚的情感與回憶，珍惜這份
來之不易的社區情感。

平民豪宅的倒數
華富邨
Wah Fu Estate

· 落成年份：1967 年
· 地址：香港島南區瀑布灣華富道

　　在香港島南區的華富邨，是香港著名的公共屋邨之一，它不僅是一個住宅區，更是一個社區、一個家。建築設計師廖本懷融合了「市鎮中心」的理念，將商場、街市和社區會堂等設施巧妙地融入其中，讓每位居民都能享受到便利的生活。

　　1968 年 9 月 27 日，時任港英政府總督戴麟趾親臨華富邨，主持盛大的開幕典禮。這一天不僅標誌著華富邨的誕生，更是政府對解決住房問題的承諾。華富邨的設計獨具匠心，被譽為「平民豪宅」。這一稱號源於其雙塔式大廈的設計，讓許多住戶享受到壯觀的海景，特別是那些位於高樓的家庭，從窗外望去，海天一色，美不勝收。

　　華富邨的每個單位都設有獨立的廚房和浴室，幾乎所有住戶還擁有自己的露台。這樣的設計不僅提升了居住的舒適性，更讓居民在繁忙的生活中享受到一絲悠閒。相比傳統的公屋，華富邨的環境更加宜人，讓人感受到生活的質感。這樣的住宅設

計理念，也成為後來公共房屋的藍本，影響了整個香港的住房政策和設計。

HONG KONG HOUSING AUTHORITY

WAH FU ESTATE

•

ON 27TH SEPTEMBER 1968

HIS EXCELLENCY THE GOVERNOR, SIR DAVID TRENCH K.C.M.G., M.C.,

INAUGURATED THE WAH FU ESTATE

MARKING THE COMPLETION OF

THE 25,000TH FLAT OF THE HOUSING AUTHORITY

一九六八年九月廿七日荷蒙
香港總督戴麟趾府士駕臨主持
華富邨揭幕典禮亦為香港屋宇
建設委員會第二萬五千單位落
成鑴此以垂永紀
香港屋宇建設委員會謹識

由憂心到愛上這片樂土

華富邨的開端並不平坦。初期，由於地理位置偏遠，交通不便，許多人對這個新社區心存疑慮，加上周圍環境曾經是雞籠灣的墳場，讓部分居民感到不安。儘管政府推出了宣傳影片，希望能吸引居民，但初期的治安問題依然讓人憂心。

到了 1970 年代，華富邨的居民逐漸增多，社區的氛圍開始變得融洽。鄰里之間的情誼濃厚，陽台上晾曬的衣物、街角小攤的叫賣聲，都成為日常生活的一部分。居民們在這片土地上彼此扶持，形成了一個充滿活力的社區，而夜幕降臨，樓下的小廣場上，孩子們的歡笑和老人們的閒聊交織在一起，彷彿訴說著生活的點滴。

華富邨的名人效應

　　華富邨被譽為「平民豪宅」，不僅因其優雅的設計和舒適的居住環境，還因為這裡孕育了多位知名人物，進一步鞏固了其作為風水寶地的形象。許多居民在這片土地上追求自己的夢想，成就了各行各業的傑出人才。

　　例如，法律界的黃仁龍，曾任律政司司長，對香港法律界有著深遠的影響。在學術界，歷史學者及經濟學者趙善軒也曾在此居住，對香港的學術發展貢獻良多。商界方面，時裝零售商 I.T

的主席沈嘉偉，以及企業家梁芷珊，皆是華富邨的前住客，他們的成就讓社會感受到此處才華濟濟。

在體育界，已故的英皇御准香港賽馬會前見習騎師林嘉成，以及著名騎師賴維銘都曾在華富邨生活，為香港的體育文化添上光彩。而在演藝界，曾經的香港小姐和亞洲小姐冠軍，如譚小環和黎燕珊，也在此居住過，成為華富邨的文化象徵。

這些名人的故事和成就，使華富邨不僅僅是一個住宅區，更是一個充滿夢想和機會的地方。居民們常常引以為傲，認為這裡是他們成功的起點，無形中也為華富邨增添了無數的光環與魅力。

無法擺脫的重建命運

隨著社區的發展，華富邨的重建計劃已正式啟動，當搬家通知送達的那一刻，許多居民的心中五味雜陳。熟悉的鄰居、街頭的小商鋪、那棵老樹、坐在海景走廊上的清淨，都是他們生活的一部分。對那些在這裡生活了幾十年的居民來說，離別的時刻總是充滿不捨；這裡每個角落都充滿故事，每段回憶都讓人心痛。許多人在搬離前，會帶著孩子在熟悉的街道上漫步，像是與過去做最後的告別。

華富老冰室的五十載情與味

銀都冰室
Sliver Cafe

· 開業年份：1968 年
· 地址：香港島南區華富邨華光樓 707 舖

　　於 1968 年開業至今，伴隨著這片土地的變遷，已成為居民心中不可或缺的聚腳點。這間冰室由阮氏一家於華富邨華光樓的地舖創立，成為屋邨的第二間食店和第一間冰室，至今已經走過五十個年頭，見證了無數屋邨的故事。

　　走進銀都冰室，你彷彿穿越回了過去。通花磚牆和紙皮石地板散發著濃厚的懷舊氣息，旋轉樓梯和吊扇正低語著往昔的故事。每一個角落都承載著街坊們的回憶，讓人不由自主地想起那

些在此度過的快樂時光。無論是三五好友聚會,還是家庭團圓,這裡總是充滿了笑聲與溫暖。

這家冰室的名字與華富邨息息相關。「華富」象徵繁榮,「銀」代表財富,而「都」則是都市的象徵,合起來便是「銀色都市」,是當時香港邁向繁榮光輝之未來的寓意。每當客人品嚐那香濃的絲襪奶茶和酥脆的西多士,總是能感受到那份想當年的情懷。

舊屋邨餐廳獨有的人情味

隨著華富邨的重建計劃啟動,消息一傳出,許多老顧客和居民紛紛回來,帶著不捨的心情再次品嚐那些熟悉的味道。每一口奶茶、每一塊蛋撻,似乎都在向這個家園告別,讓人感受到無盡的懷念與惆悵。

懷舊情懷就是特色,無論未來如何變化,銀都冰室會努力保留傳統,成為街坊心中的永恆記憶。在這裡,每個人都能找到屬於自己的回憶,這份情感將永遠在心中延續,而每一口美食,都是對過去的懷念與對未來的期許。

香港八景之扶林飛瀑

瀑布灣
Waterfall Bay

・地址：香港島南區瀑布灣瀑布灣道 8 號

位於香港島南區的西南部，毗鄰華富邨，這裡的風景美不勝收，有著如置身外國又不失香港風情的美景，等待遊客們去探索和體驗。這裡曾因壯觀的瀑布而聞名，但隨著 1863 年薄扶林水塘（水壩）工程的興建，水流被截斷，昔日的壯麗風貌已不復存在。

瀑布灣的歷史悠久，早在香港開埠之前就已廣為人知。清朝嘉慶年間的《新安縣志》已記載了「新安八景」，其中「鰲洋甘瀑」（又稱「鼇洋甘瀑」）正是指這裡的瀑布「扶林飛瀑」，並在 1940 年前被譽為「香港八景」之一。十九世紀，來往廣州的貿易船隻經常在此避風取水，船員們親切地稱這裡為香江（Heang Koong），顯示了其重要的地理位置。

隨著香港的發展，為了解決飲用水問題，政府決定截取瀑布灣的水源，修建薄扶林水塘。1863 年，水塘完成後，瀑布的壯

觀景象隨之消失。然而，在極端暴雨之後，水量驟增的日子裡，瀑布偶爾會重現往日美景，讓人感受到大自然的驚奇。

瀑布灣的英軍碉堡

在香港保衛戰之前，英軍在瀑布灣修築了防禦設施，其中最著名的便是瀑布灣碉堡，位於瀑布流水流入大海的位置。這座碉堡是為了防禦敵軍進攻而設計，至今仍保存著當年的結構，成為歷史愛好者和攝影師們的熱門拍攝地。碉堡內部的遺跡讓人得以窺見當年防禦戰略的重要性，雖然這些設施最終並未派上用場，卻為這片土地增添了深厚的歷史感。

獅子山下兩百年村落的倒數

牛池灣村

Ngau Chi Wan Village

・建村年份：約 1800 年代
・地址：九龍牛池灣牛池灣村

位於香港東區，鄰近彩虹邨，是一個擁有超過 250 年歷史的村落，在 1819 年編著的《新安縣志》裡，已載有「牛池灣」這個地方。據說，此處大約於二百多年前建村，最初由雜姓客家人所組成，以前是沿海的村落，主要以打石和農耕為生，是「九龍十三鄉」中最歷史悠久的三條鄉村之一。連國父孫中山和其兄長孫眉亦曾居住於此。戰後，大量內地移民湧入，牛池灣村與其他九龍鄉村一樣，出現了不少寮屋。這些寮屋的建成改變了村莊的結構。從 1960 年代起，村附近的田地和屋地陸續遭收回和重建，1962 年的彩虹邨、1970 年的坪石邨及 1980 至 1990 年代則是永定道屋苑相繼興建。1975 年，政府收回牛池灣村靠近龍翔道的土地，以興建彩虹地鐵站，從此村落格局顯著變化。

九龍村落的車水馬龍

進入牛池灣村的入口處，就是 1993 年落成的牌坊，之後會經

．

過街市和大排檔，這些較新的村屋多是在地鐵站建設完成後的 1980 年代重建而成。穿過檔攤，再往內走，則會見到散落的寮屋，這些鐵皮和木板搭建的房屋背後依舊深藏著歷史痕跡。

這裡保留了許多傳統特色，例如每年農曆二月二十五日舉辦的三山國王誕等；另外，村裡的小商店會販賣新鮮海產和在地農產品，清蒸魚和椒鹽蝦等美食總令人垂涎。村內的海鮮市場以新鮮捕撈而聞名，吸引了不少本地食客，當地的手工藝品如織物和陶藝也展示了村民的創意。這裡每天充斥著商人的叫賣聲、附近居民買菜時的吆喝聲，還有因為想見識獅子山下村落慕名而來的遊客，讓整條長街充滿了生氣。

此外，牛池灣村的自然景觀同樣迷人，周圍有多條健行步道，適合喜愛大自然的村民。村子周圍的山丘和綠地提供良好的健行環境，適合與大自然親密接觸。一旁的獅子山象徵著堅韌與奮鬥，從村中的觀景點可遠眺其壯觀景致。晨曦中的金色陽光和夕陽下的村莊剪影，都是村民日常生活的一部分，這與依傍著獅子山也頗有關係。

珍惜歷史與文化

作為九龍區內最後的百年村落之一，牛池灣村承載著豐富的歷史與人文意義。牛池灣村目前面臨拆卸重建的挑戰，根據

2022 年提出的計劃，政府計劃在未來幾年內進行大型重建，旨在提升區域的居住環境和基礎設施，這引發村民的擔憂。面對重建計劃，我們應該珍惜眼前的歷史與文化，保護這片土地上早已建立的非物質傳統與信仰。牛池灣村不僅是村民的家園，也是香港歷史的一部分，值得大家共同珍惜和保護。讓我們關注和支持這些珍貴的文化遺產，確保它們能夠繼續為未來的世代所傳承。

闹市二百年古村內的六十年老字號茶樓

新龍城茶樓

· 開業年份：約 1960 年代
· 地址：九龍牛池灣龍池徑 67 號地下 B 號舖

　　舊時記憶，總是令人無限懷念。以前的人們，起床後的第一時間就是帶著自己的雀籠，一邊吹著口哨引導鳥兒歌唱，一邊走到樓下的茶樓，飲杯茶食個包，就是一個完美的早餐。客人們都會把自己的雀籠掛在頭頂的天花板上，讓鳥兒爭妍鬥麗，不鬥麗就鬥歌喉。主人喝一口茶就吹一段口哨，逗弄鳥兒，加上茶樓內點心的叫賣聲和餐具擺弄的聲響，以前早上的茶樓是多麼的熱鬧富生氣。

　　在牛池灣村的角落，有一家街坊鄰里最愛的新龍城茶樓。這裡不僅是品嚐美味點心的好地方，更是現存唯一的寮屋茶樓，見證著獨特的時代，至今已有六十年的歷史。

　　新龍城茶樓原名為龍城茶樓，輾轉多手，現由張氏家人經營。茶樓的環境古色古香，最大的特色是可以在鐵皮屋頂下的大排檔內飲茶，內部還掛著一個個雀籠，增添了年代感。茶樓設有自取點心區，其中懷舊大包和蜂巢芋角是最受歡迎的選擇，讓人一試成主顧。作為現存唯一的寮屋茶樓，新龍城茶樓更成為了老村民交流的社交中心。許多村民會在這裡聊家常、談天說地，甚至商量村裡的大小事務。這份社區凝聚力讓牛池灣村的文化得以延續，也讓茶樓成為歷史的一部分。

獅子山下的首間安老院

聖若瑟安老院建築群
St. Joseph's Home for the Aged

· 建築年份：1919、1932、1934 年
· 古物建築評級：二級歷史建築
· 地址：九龍牛池灣清水灣道 35 號

位於牛池灣村的附近，駕車前往順利邨或飛鵝山的時候都會經過的地方，這裡曾是香港歷史悠久的安老院，現存的建築包括別墅、門樓及宿舍 A，見證了過去的風華。這座別墅約建於 1919 年，最初屬於 Douglas Laprik and Co. 公司的買辦，也是華商公局創會董事之一陳賡虞（1863–1924 年）的物業。1926年，這片土地由來自法國的安貧小姊妹會購入，開辦了香港的首間安老院，為需要關懷的長者提供了溫暖的居所。

後來，安老院於 1930 年代加建了門樓，而宿舍 A 則是在1932 至 1933 年間建成。這些建築不僅是安老院的核心，更是香港現存歷史最悠久的安老院建築。別墅的設計簡約，屬於單層

建築，擁有由方柱、拱道和裝飾性欄杆構成的柱廊，並設有拱形通風口的半層地下室。這些設計風格受到新古典主義及英國殖民地建築的影響，展現出優雅的氣質。門樓則以開闊的拱廊和精美的券心石裝飾而著稱，正立面屋頂上的女兒牆上刻有 JMJ 字母，象徵著耶穌、瑪利亞和約瑟的聖名。宿舍 A 樓高兩層，外觀修長，水平飾線設計則受現代主義風格影響，露台的流線型設計更是 1930 年代的建築特色之一。這些建築不僅承載著歷史，更是社區文化的縮影。

不過，隨著城市不斷的發展，聖若瑟安老院正面臨拆卸的風險。這座具有重要歷史價值的建築群在 2010 年獲判定為香港的二級歷史建築，但仍無法抵擋現實的挑戰。雖然安老院在 1996 年因經濟問題關閉，但它的名字依然存在附近的巴士站中，成為當地居民心中的珍貴記憶。

面對拆卸的威脅，村民和社區人士積極行動，呼籲保護這片承載著無數回憶的土地。他們希望能夠引起社會的關注，讓這座充滿歷史與情感的地方得以延續。

東九龍十三條村落的聚腳地
三山國王廟

· 建築年份：約 1700 ～ 1800 年代
· 古物建築評級：三級歷史建築
· 地址：九龍牛頭角觀塘道 2 號

　　一座充滿故事的廟宇，這裡是信徒們心中的寶地。這座廟宇的歷史可以追溯到客家人從內地遷徙到港，同時把家鄉的信仰帶過來的見證；其中，最受歡迎的就是三山國王！

　　三山國王的傳說可謂精彩絕倫。故事講述了三位英勇的將軍：連清化、趙助政和喬惠威。三人在隋朝時期屢次立下赫赫戰功，甚至死後還能顯靈，幫助宋朝皇帝擊退敵人。當宋朝皇帝想要答謝他們時，卻只見三座高山，於是便將這三位英雄封為「三山國王」。這段神話不僅展示了他們的英勇，也讓三山國王成為保護海洋與漁民的守護神。

　　這座廟過去曾是東九龍十三條村落的聚會之所，現今則由牛池灣鄉單獨管理。每年農曆廿三至廿六日，廟的值理會聘請粵劇班上演四夜三日的神功戲。由於環境所限，戲台只能在廟側的空地搭建，無法對著廟內的神明。為了讓「三王爺」也能參與，值理們在觀眾棚上搭建了一個小型神棚，並在大戲開鑼之日將國王的行身像請到上面就座，以示尊敬。

　　隨著老一輩居民的逝去，牛池灣三山國王誕的熱鬧程度有所
減少，炮會活動也逐漸式微。不過，仍有不少居民專程前來上
香和觀賞神功戲，即使有些人已經遷出此區，仍會趁著誕期回
來還神，與親友相聚。正誕日的傍晚，廟後的空地會擺上三十
多張圓桌，僱請廚師現場烹煮美食，讓鄉里共同享用晚餐。由
於地方有限，許多信徒未能購得餐券入席，因此氣氛不如往年
熱鬧。

　　廟宇的建造年份雖然難以確定，但根據一些刻字推測，可能
是在 1700 至 1800 年間建成的。這裡的神像獨特，雖然本來有
三位國王，但廟中只供奉一尊，左右則分別供奉太歲和玄壇。
左偏殿是值理會的辦事處，右偏殿曾經是書塾，後來改名為龍
池小學，直到 1960 年才停辦。

獅子山下的百年姑婆屋
萬佛堂

- 建築年份：1915 年
- 古物建築評級：三級歷史建築
- 地址：九龍牛池灣西村 99 號

　　牛池灣的萬佛堂，靜謐且歷史斑斑，也是這一帶獨特的宗教場所。這座堂宇的故事可以追溯到民國初年，當時中國社會正經歷劇變，新文化運動興起，儒家思想遭到批判。隨著當時的政府推行「改革風俗、破除迷信」的政策，許多傳統信仰組織遭受打壓，促使不少佛道僧侶南遷香港，尋找新的修道機會。

　　在這樣的背景下，萬佛堂於 1912 至 1915 年間成立，是由廣東南海西樵人黎玉清女士和幾位自梳女[1]（多為媽姐[2]）共同建立的「姑婆屋[3]」，位於牛池灣西村。萬佛堂的設立不僅是宗教信仰的延續，還為未婚女子提供了一個安老之所。這些女子在此過著簡樸的生活，吃齋念佛，遵循一定的戒律，但不必像僧侶那樣剃髮出家。

　　萬佛堂內供奉著觀音大士、準提菩薩和三世佛，還有玉皇大帝和呂祖等多位神靈，營造出一種和諧且平靜的氛圍。堂內曾有約六十名女子共同生活，彼此成為依靠，形成了一個緊密的社區。

　　萬佛堂在歷史上也舉辦過多項重要法事，特別是對於逝者的
超度儀式。1918年，快活谷馬棚大火後，萬佛堂與其他道場聯
合舉行超度法事，為六百多名死難者祈福。這些活動讓萬佛堂
的名氣逐漸上升，並獲得了東華醫院贈送的「誠格幽冥」牌匾，
以表彰其貢獻。

香港淪陷期間，原本的居住者四散而去。戰後，大家重聚修復萬佛堂，但因缺乏資源，甚至拆下過去贈送的木匾作為大門。這些木匾的字跡至今依舊可見，見證了歷史的沉浮。進入 1950 年代，萬佛堂參與了沙田先天道安老院的擴建籌款活動，並在 1965 年負責舉行安龍清醮儀式。後來，萬佛堂逐漸轉為低調，許多昔日的光輝被人淡忘。

1　「自梳女」：自梳女是指中國傳統社會中，一些未婚女性選擇不婚且獨立生活的群體。她們通常會自梳髮髻，過著簡樸的生活，並遵循一定的戒律，如不吃葷、不飲酒、不賭博。自梳女多崇奉佛教和道教，常在齋堂或道場居住，而這些場所通常作為她們的安老之所。在香港的歷史中，自梳女的存在反映了女性自主的生活選擇。

2　「媽姐」：媽姐（音「馬姐」）是指香港和廣東地區自梳女的另一種稱謂，通常用來形容那些未婚女性，她們選擇不婚且獨立生活。他們都是來自中國順德以繅絲等紡織業為生的自梳女，俗稱「媽姐」。到了 1930 年代因為順德的絲綢業式微，大量的媽姐選擇離開到外地工作；有部分人選擇到較近的香港當女傭維持生計，而香港亦跟隨廣東使用媽姐的稱謂。

3　「姑婆屋」：指香港及廣東地區，傳統上為自梳女或未婚女性所居住的場所；通常由她們共同管理，提供一個安全和支持的生活環境。這些屋舍通常設置在齋堂或道場附近，供應基本生活需求，並鼓勵信仰活動。姑婆屋的居民過著簡樸的生活，遵循一定的戒律，如不吃葷、不飲酒。這些場所在社會上扮演著重要的角色，讓女性能夠自主生活，同時保持社區的聯繫與支持。

繽紛彩虹的倒數
彩虹邨
Choi Hung Estate

· 落成年份：1962 年
· 地址：九龍黃大仙牛池灣彩虹邨

彩虹邨

一九六三年十二月十八日
彩虹邨落成誌慶
香港總督柏立基爵士
主持開幕典禮
本邨建有七千四百
五十單位可容四萬
三千三百居民鎮此
以垂永紀

香港屋宇建設委員會謹誌

　　彩虹邨這個名字本身就充滿了色彩和活力，是香港早期興建之公共屋邨之一，獲稱為「香港最美屋邨」，自 1960 年代以來，便成為許多家庭的溫暖家園。這裡地理位置便利，最顯著的特點是樓宇外牆呈現繽紛的彩虹色，遠遠就能看見其獨特的外觀。

與現今的建築相比，彩虹邨的設計充滿個性，每座大樓的外牆像積木一般堆疊，形成獨特的建築風格。

2023 年，房屋委員會宣布啟動彩虹邨的大規模重建計劃。整個計劃將分為三個階段，預計耗時約十五年。對於這個擁有六十多年歷史的屋邨，居民的看法各異。一些人支持重建，因為新設施將改善生活品質；而另一些人則因為彩虹邨的便利交通和獨特風格，對重建感到遺憾。（彩虹邨詳細介紹請參考《香港百年》第 82 頁）

彩虹邨的七彩繽紛

　　彩虹邨的樓宇名稱和街道，都是由建邨初期的互助委員會成員共同商議及命名，各座樓宇名為了與彩虹邨的名字呼應，因此以顏色作主題命名，例如紅萼、白雪、翠瓊、紫薇、金碧等。另外，屋邨內的七條街道則以彩虹七色為開首命名。

Luk Lau Avenue
·綠柳路·

HUNG MUI AVENUE
·紅梅路·

Ching Yeung Avenue
·青揚路·

CHANG FA AVENUE
·橙花路·

Lam Chung Avenue
·藍鐘路·

Wong Kuk Avenue
·黃菊路·

Tse Wai Avenue
·紫葳路·

六十年老字號上海飛髮舖

上海華麗理髮公司

· 開業年份：約 1964 年
· 地址：九龍牛池灣彩虹邨金碧樓 33 號地舖

　　在彩虹邨，有一家充滿歷史與懷舊氛圍的理髮店：上海華麗
理髮公司。自 1964 年開業以來，這家理髮店已經歷近六十年，
最初坐落於北角，後來經歷兩次搬店，最終在彩虹邨扎根，成
為男士理髮的殿堂，更是一段香港老派生活的縮影。

　　店內的裝潢保持著傳統復古的風格，綠白相間的格仔地磚、

黑色理髮椅和明亮的鏡子，讓人彷彿瞬間帶你穿越回五、六〇年代的香港。這裡的服務不僅僅是剪髮，還包括傳統的男士理髮服務，這種細緻的理髮享受使得上海華麗成為了居民的祕密基地。

老闆的父親是當年從蘇浙一帶南下的理髮師傅之一，將精緻的上海理髮技藝帶到了香港。如今，上海華麗理髮公司是香港僅存幾家上海理髮廳之一，這份技藝在香港逐漸變得稀有，隨著時代變遷，許多類似的理髮廳逐漸消失。而在 2023 年，店內曾發生火警，疑因後巷雜物起火導致。這次事件雖然驚險，但也讓大家更加珍惜這家老店的存在。

　　香港在未來十年內，所有類似的上海理髮廳都可能會消失。雖然生意不如往昔興隆，但復古潮流的興起卻為這家老店帶來了一些新客源。年輕男士們特意來此拍照打卡，體驗這份獨特的男士理髮文化，讓這家低調的老店重新煥發活力。上海華麗理髮公司不僅是一家理髮店，更是承載著老香港情懷的地方，值得每位來到彩虹邨的人細細品味；每一個角落、每一件物品，都充滿著珍貴的歷史價值。

六十年老字號人情味屋邨茶樓
金碧茶樓酒家

· 開業年份：約 1964 年
· 地址：九龍牛池灣彩虹邨金碧樓 22 號地舖

走進彩虹邨，除了那五彩繽紛的外牆，還有一個地方讓人感受到濃厚的懷舊氣息，那就是金碧茶樓酒家。自 1964 年開業以來，這裡成為了街坊們聚首的熱點，特別是那些懷舊美食，讓人忍不住想要一試。

金碧茶樓剛開業時，彩虹邨一帶熱鬧非凡，小販攤檔隨處可見，成為居民生活的一部分。當時，茶樓的位置優越，成為了小巴和巴士的接駁點，吸引了大批司機和乘客前來歇腳。在全盛時期，金碧曾經僱用近三十名夥計，從早上五時半營業至晚上十二時，生意興隆，客人絡繹不絕。早市的常客們甚至會提早從後門進店，自己沖茶，等待剛出爐的點心，這種情景彷彿已成為了社區的一部分。

然而，隨著 2003 年 SARS 的侵襲，香港經濟受到重創，金碧茶樓也面臨挑戰。為了復甦業務，茶樓開始推出懷舊菜餚，這些菜餚不僅美味，還充滿了舊時的味道。其中最受歡迎就是製作工序繁複的八寶鴨，另外炸蟹鉗、杏汁豬肺湯都是他們的招牌菜。

除了懷舊菜，金碧茶樓還舉辦龍躉宴和蛇宴，分別在每年三月和十一月舉行。這些宴會一向座無虛席，深受食客喜愛，展現了大家對這家茶樓的熱愛。金碧茶樓不僅是品味美食的地方，更是社區的情感寄託。無論是慶祝佳節，還是舉辦聯歡會，這裡總能讓人感受到溫暖的社區氛圍。彩虹邨的金碧茶樓，無疑是香港飲食文化中一顆璀璨的明珠。

香港人的飲茶小習慣

用餐時，當侍應擺放好餐具後，我們會先自行清洗餐具。因為香港人深信，最髒的是肉眼看不見的東西。有時並不是酒樓清潔不佳，而是小心駛得萬年船，所以酒樓都會提供一個大碗，客人只要用茶水或滾水沖洗完餐具，大碗留下沖洗完的水，才會正式用餐，侍應會自覺地把這碗水收走。而這個習慣在茶餐廳時都會自動進行，但茶餐廳空間比較小，所以大碗會換成水杯，把餐具全浸泡在熱水杯中。總之，香港人一直承傳著這個有理的堅持就是了。

六十年老字號街坊士多
嘉南士多

· 開業年份：約 1962 年
· 地址：九龍牛池灣彩虹邨金華樓 2 號地舖

　　位於彩虹邨的金華樓樓下，嘉南士多如同一個歷史的見證者，靜靜記錄著這個社區的變化。自 1962 年開業以來，這家小店不僅是居民日常生活的一部分，也是幾代人共同的回憶。嘉南士多以其豐富的零食而受歡迎，從經典的白兔糖到如今流行的薯片，這裡的商品總能喚起人們的懷舊情懷。特別是那些曾經風靡一時的太空糖和ＢＢ糖，雖然現在已不常見，但仍然讓人懷念；還有價格已漲了不少的白兔糖，依舊是學生們的心頭好，象徵著無憂無慮的童年時光。

　　走進士多，眼前是一排排舊式玻璃可樂瓶，還有一瓶寫著「非賣品」的珍貴軒尼斯 V.S.O.P，這些物品記錄著嘉南士多的歷史，讓人感受到歲月的流逝。隨著彩虹邨即將重建，這裡不僅成為遊客打卡的熱點，更是居民心中無法磨滅的情感依託。

　　最早，士多在這片地區經營得相當順利，因為當時並沒有大型連鎖店。然而，自 1996 年惠康超市開業以來，競爭變得更加激烈，許多士多紛紛關閉。嘉南士多憑藉地理位置靠近學校，

成為學生放學後的熱門去處，這一優勢也使其存活至今。士多的魅力不僅在於商品，還在於與街坊們建立的深厚情感。每當看到曾經的小學生帶著自己的孩子來訪，經營者的心中總會感慨萬千；時間在流逝，但情誼卻始終如一。

隨著年齡的增長，經營者也開始思考退休的計畫。他們對彩虹邨的重建抱持開放態度，認為這是提升生活質素的機會，也希望未來能享受悠閒的生活。嘉南士多不僅是一個販賣零食的地方，更是社區情感的溫暖港灣。無論未來如何變化，這裡的故事將永遠留存在每位曾經光顧的顧客心中，成為珍貴的回憶。

六十年老字號經典鐘錶店
李應記鐘錶行

· 開業年份：約 1914 年
· 地址：九龍牛池灣彩虹邨金碧樓 14 號

在彩虹邨金碧樓樓下的一個不起眼的角落，坐落著李應記鐘錶行。這家店以六〇年代的風格為特色，幾十年來外觀幾乎沒有改變，彷彿讓人穿越回那個時代。走進店內，懷舊的氛圍讓人感到熟悉且溫暖。李應記的歷史源於第一代老闆對鐘錶充滿熱情的匠人，他在上環荷李活道開啟了自己的事業。隨著日子

　一天天過去，店鋪經歷幾度搬遷，最終在彩虹邨安定下來，深深扎根於這片土地。

　　如今，踏進錶行就會發現店內還有一個「驗眼室」，原來老闆除了經營鐘錶外，還有販售眼鏡。店內的裝潢保持著古樸的風格，讓人感受到濃厚的懷舊情懷。許多老式設備，如那台巨大的舊式驗光儀，都在靜靜地講述著過去的故事。老闆對各種鐘錶都非常熟悉，不論是機械錶、電子錶還是石英錶，他總是努力確保每位顧客都能選到合適的手錶。

　　然而，彩虹邨的重建計劃即將實施，李應記鐘錶行也面臨關閉的命運，這消息無疑是令人心痛。這不僅僅是一家舊式鐘錶行的結束，更是珍貴回憶的告別。

水上人家上岸之廉租房屋的倒數

漁光村

Yue Kwong Chuen

- 落成年份：1962 年
- 地址：香港島香港仔水塘道 22 — 30 號

位於香港仔水塘道的漁光村，背山面海，風景如畫，承載著香港仔的歷史與文化。漁光村的白沙樓、順風樓和海港樓在 1962 年落成，靜海樓和海鷗樓則在 1965 年相繼啟用，樓名皆與漁民的生活相關，其興建目的是為了解決當時的住房危機，特別是為香港仔沿岸及水上居民，以及鴨脷洲的居民提供廉租房屋，同時作為基層公務員宿舍。1960 年代，香港城市化進程迅速，許多家庭面臨擁擠與條件惡劣的困境，漁光村因此應運而生，旨在改善居民的生活品質。

建築設計與社區互動

屋邨的設計由著名建築師阮達祖負責，採用了中央走廊設計來增加私隱度，並設有較大窗口來增強室內光線。漁光村的結構獨具特色，與同期興建的其他屋邨相比，並不設特色露台通道，也不是背對背式單位。這樣的設計避免了住戶互相看見或聽見的困

擾，符合建築師阮達祖的理念，讓住戶感到舒適而不是被困著。

漁光村的建築展現了熱帶現代主義的特徵，強調功能性與舒適度。村內的樓宇構成一個以中央走廊為骨幹的 I 字形長方體，兩側的單位之間用小橋樑連接，形成獨特的結構。中央走廊寬約 3.3 公尺，超過香港住宅的平均寬度，提供了一個舒適的公共空間，適合居民散步或交談。

在建村初期，如海港樓的單位在過去沒有獨立廚廁，住戶需要用公共廚房煮食及共享浴室，直到上世紀八〇年代改建為止，這些都是過去生活的縮影。小型露天公園和兒童遊樂場成為居民的休閒好去處，孩子們快樂嬉戲，長者則在樹下聚會，共享故事，這種人與人之間的緊密聯繫，使漁光村的社區氛圍格外溫暖。

面臨變革與未來展望

然而根據房屋協會的計劃，漁光村將於 2024、2025 年開始清拆重建，這對許多居民來說是一個巨大的變遷。可是，漁光村才於 2012 年完成了靜海樓及海鷗樓的復修工程，包括翻新外牆、加裝升降機及提升保安系統等，卻突然就說要重建。在重建過程中，到底要如何保留漁光村的社區精神和人情味，成為值得關注的議題。

漁光村內部的公用走廊

全港唯一的圓形天橋與叮叮
銅鑼灣怡和街圓形天橋
Circular Footbridge at Yee Wo Street

建築年份：1985 年
地址：香港島銅鑼灣區的怡和街，近糖街

後記

「真心！我明白的……我理解的……」

作為八〇後的筆者和大家一樣，經常對過去的認知感到困惑，尤其是在歷史、社會、經濟等方面。那些年在學校所學的知識，是否真的能夠解釋我們現在所經歷的一切？當筆者與同齡人討論時，卻又發現大家的認知似乎是一致的。這讓筆者不禁思考：難道我們共同的回憶，真的能夠幫助我們理解這個城市的變遷？

香港，歷經百年，除了那些值得驕傲的成就外，許多深刻的負面印象也在心中揮之不去。對於這些過去的記憶，我們應該如何評價？是好是壞，往往取決於我們的心態和人性。筆者一直認為，在記述歷史的同時，應該保持中立的視角，讓讀者能以自己的觀點來衡量事情的真相。一段歷史，不應該只是冷冰冰的事實，而應該是我們情感的載體。你是否有過這樣的感受：某些歷史故事，是否在你心中引起過波瀾？

在這個意義上，筆者的《香港百年》系列作品旨在記錄那些情感與回憶。雖然身為作者，筆者可以在作品中表達自己的情感和想法，但筆者始終堅持，事實必須是事實，絕不能因個人立場或偏見而扭曲歷史。這是筆者創作的宗旨。

　　在出版完兩本《香港百年》系列後，筆者收到了許多意見；無論是讚美還是批評，都非常感激，因為這些反饋讓筆者更清晰自己的方向。每次分享時，筆者都會強調：「我是一個畫畫的人；我是一個愛香港的人。」雖然文字不是筆者的專長，但筆者願意為了自己的夢想全力以赴。你是否也有過為夢想努力的經歷？那份努力的意義又是什麼？

　　在完稿的時刻，筆者不禁想起那些熟悉的街道、熙熙攘攘的路上，那一筆一畫我手寫我心的瞬間。或許不久的將來，筆者可能會繼續延續《香港百年》系列，又或者日後可透過純繪本的形式與大家再見，分享我們共同熱愛的香港。但此刻，筆者感到一種難言的失落，彷彿每一頁都曾經是一趟旅程的終點，卻又隱隱期待著另一段旅程的開始。

　　希望這本書，以至於整個《香港百年》系列，能夠成為大家家中的珍藏。當大家回憶起香港的過去，當大家懷念那些舊時光時，請打開這本書，看看裡面的圖畫。這些畫面或許能喚醒大家心底的美好記憶，讓大家重新感受到那份情感與連結。每一幅插圖都是對這片土地和其故事的一次致敬，讓我們在忙碌的生活中，停下片刻，回望那些值得珍惜的瞬間。猶如筆者一直說的「成為歷史印記也好，成為紀念冊更好」。

位於九龍油麻地的廟街夜市

在這個瞬息萬變的時代，讓我們不忘初心，珍藏心中那份對香港的情感。期待在未來的某一天，能再次與大家分享更多，讓我們一起攜手，守護這份獨特的回憶與情感。

《香港百年》系列的暢銷過萬，首先要感謝的是筆者自己，然後是筆者的出版社。他們給予創作的自由與支持，能在第三冊選擇想要記錄的內容。希望大家透過這本入門版的歷史繪本，重新認識香港，讓我們在這個推倒、重來的趨勢中，停下腳步，回想埋藏在心底的回憶。你是否曾經想過，當我們的情感被壓抑時，香港的靈魂又會如何變化？

在這個越來越少「情」的社會中，人與人之間的距離似乎逐漸拉遠。我們是否應該重新思考，如何在日常生活中建立連結？每一個微小的善意行為，都可能成為改變的開始。當大家都變得無情時，社會的道義和法則又如何能得到遵守？或許，我們每個人都可以在自己的小圈子裡，努力去重拾那份情感，讓它在這個城市裡重新流淌。

香港的歷史是我們共同的記憶，如何在這段歷史中找到我們的情感與連結，讓我們一起反思，並在未來的生活中實踐這些反思。你心中的香港，又是什麼樣子？

參考資料

書籍

《黑暗之城──九龍寨城的日與夜》

媒體報導

東網

古物古蹟辦事處

活在赤柱

香港郵政

舊時香港

經濟通

古物古蹟辦事處

香港記憶

巴士的報

獨立媒體

香港 01

吳昊（老花鏡）

就係媒體

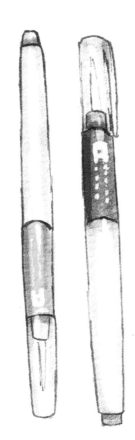
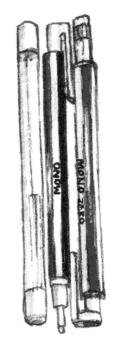

筆者使用的繪畫創作工具

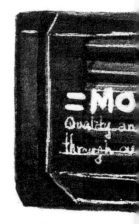

f@ tombowhk/cmclab.mongson

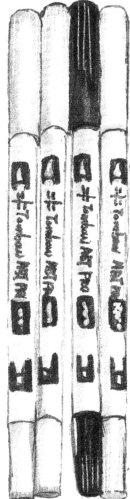

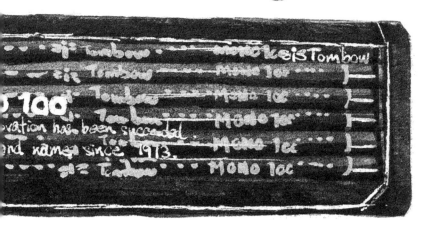

萬國殯儀館

建築年份：1980 年
地址：九龍紅磡暢行道 8 號

「置心為止水，視身如浮雲。抖擻垢穢衣，度脫生死輪。」──《自覺二首》

作　者 & 繪　者	雪姬（Suki Yeung）	
責　任　編　輯	蔡穎如	
封　面　設　計	走路花工作室	
內　頁　編　排	林詩婷	
行　銷　主　任	辛政遠	
資　深　行　銷	楊惠潔	
通　路　經　理	吳文龍	
總　編　輯	姚蜀芸	
副　社　長	黃錫鉉	
總　經　理	吳濱伶	
首　席　執　行　長	何飛鵬	

出　　版　　創意市集Inno-Fair
發　　行　　英屬蓋曼群島商家庭傳媒股份有限公司城邦分公司
　　　　　　Distributed by Home Media Group Limited Cite Branch
地　　址　　115 臺北市南港區昆陽街16號8樓
　　　　　　8F., No. 16, Kunyang St., Nangang Dist., Taipei City 115 , Taiwan

城邦讀書花園　　www.cite.com.tw
客戶服務信箱　　service@readingclub.com.tw
客戶服務專線　　(02) 25007718、(02) 25007719
客戶服務傳真　　(02) 25001990、(02) 25001991
服務時間　　　　週一至週五09:30～12:00、13:30～17:00
劃撥帳號　　　　19863813　戶名：書蟲股份有限公司
實體展售書店　　115 臺北市南港區昆陽街16號5樓

I S B N　　978-626-7488-66-9（紙本）／978-626-7488-77-5（EPUB）
版　　次　　2025年2月初版1刷
定　　價　　新台幣400元（紙本）／280元（EPUB）／港幣133元

製　版　印　刷　　凱林彩印股份有限公司

◎如有缺頁、破損、裝訂錯誤，或有大量購書需求等，都請與客服聯繫。

國家圖書館預行編目(CIP)資料

香港故事‧香港百年 3：霓虹、屋邨、老街坊，獅子山下的時
光旅圖，純樸繁華的鄰里日常／雪姬 著．繪．-- 初版．
-- 臺北市：創意市集出版：英屬蓋曼群島商家庭傳媒股份有限
公司城邦分公司發行, 2025.02
　面；　公分
ISBN 978-626-7488-66-9（平裝）

1.CST: 社會生活 2.CST: 歷史 3.CST: 香港特別行政區

673.84　　　　　　　　　　　　　　113017118

香港發行所　城邦（香港）出版集團有限公司
九龍土瓜灣土瓜灣道 86 號順聯工業大廈 6 樓 A 室
電話：(852) 2508-6231
傳真：(852) 2578-9337
信箱：hkcite@biznetvigator.com

馬新發行所　城邦（馬新）出版集團
41, Jalan Radin Anum, Bandar Baru Sri Petaling,
57000 Kuala Lumpur, Malaysia.
電話：(603) 9056-3833
傳真：(603) 9057-6622
信箱：services@cite.my

＊廠商合作、作者投稿、讀者意見回饋，請至：
創意市集粉專　https://www.facebook.com/innofair　創意市集信箱　ifbook@hmg.com.tw

香港百年Ⅲ
香港故事
霓虹、屋邨、老街坊，獅子山下的時光旅圖，純樸繁華的鄰里日常